Otto Keller

Der Saturnische Vers

Otto Keller

Der Saturnische Vers

ISBN/EAN: 9783744605502

Hergestellt in Europa, USA, Kanada, Australien, Japan

Cover: Foto ©Thomas Meinert / pixelio.de

Weitere Bücher finden Sie auf **www.hansebooks.com**

DER

SATURNISCHE VERS

ALS RYTHMISCH ERWIESEN

VON

OTTO KELLER.

LEIPZIG:
G. FREYTAG.

1883.

PRAG:
F. TEMPSKY.

Vorwort.

In den nachfolgenden Blättern ist einer Vermuthung Ausdruck gegeben, welche mir seit Jahren mehr und mehr zur Überzeugung geworden ist. Ist sie ein Irrthum, so wird sie von selber vergehen, ist sie Wahrheit, so wird sie sich trotz aller Ungunst der Verhältnisse Bahn brechen. Dass ich damit fast bei allen jenen anstossen werde, welche bisher über den gleichen Gegenstand sich geäussert haben, liegt in der Natur der Sache und war beim besten Willen nicht zu vermeiden. Ebenso wenig war es zu vermeiden, dass ich mich auf viele Dogmen polemisch einlassen musste, die gegenwärtig in der lateinischen Formenlehre allgemein geglaubt werden, sofern ja diese Dogmen selber erst im Zusammenhang mit der quantitierenden Auffassung des saturnischen Verses entstanden sind. Die Grammatik, nach welcher ich die dermalen überhaupt geltenden grammatischen Anschauungen citiere, ist Bücheler-Windekildes Grundriss der lateinischen Declination, Bonn 1879. Ich glaubte dieses Buch zur Grundlage meiner etwas ketzerischen Aufstellungen machen zu müssen, weil es das Standard-book über die angeregten Themen ist und weil es somit unrecht von mir gewesen wäre, wenn ich statt seiner ein weniger vorzügliches und bedeutendes Buch citiert hätte.

Ich habe die Schrift noch im Manuscript einigen wenigen Fachgenossen mitgetheilt und habe die Freude gehabt, dass sich mehrere für entschieden „bekehrt“ erklärten. Möchten sich namentlich in der jüngeren Generation gleichfalls etliche bekehren lassen! Wenn es auch nur wenige sind, die sich nach unbefangener Prüfung mit voller Überzeugung mir beistimmen, so denke ich nicht umsonst gearbeitet zu haben.

Wer sich über den augenblicklichen Stand unserer Erkenntnis der antiken Metrik orientieren will, wird zunächst in dem vortrefflichen Buche von Christ, Metrik der Griechen und Römer, 2 Auflage Leipz. 1879, Umschau halten. Und so sucht man wohl zunächst auch über den schwierigen saturnischen Vers sich in dem besagten Buche Raths zu erholen. Da nun aber in dem betreffenden Capitel selbst (S. 373) gelegentlich als von „einer verzweifelten Sache" gesprochen wird, so wird es gestattet sein, gegen die daselbst faute de mieux vorgetragene Theorie überhaupt noch sein Bedenken zu äussern. Dieses trifft natürlich auch auf die so ziemlich gleiche neueste Auffassung des Saturniers zu, die wir bei Havet in seinem grossen Buche de Saturnio Latinorum versu Paris 1880 auseinandergesetzt finden.*) Denn niemand kann behaupten, dass es Havet durch seine Modificierung des Ritschl'schen Schemas gelungen sei, die wichtigsten Bedenken gegen dasselbe zu zerstreuen.

Mein Hauptbedenken gegen die bisher giltige Auffassung des Saturniers beruht darauf, dass ich nicht begreifen kann, wie das Altlateinische, und gerade nur dieses, in einer Menge von Fällen Quantitäten zeigen soll, die mit allen übrigen überlieferten Thatsachen in Widerspruch stehen, also z. B. Messungen wie parisumā statt parisumă, Lucius statt Lucius, patrē, lovē, ordinē, rumorē, pulverē, terrā (Nom. Sing.), extā (Acc. Plur.), marē (Nom.), summē (Voc.), regis (Gen.), inclitōs, piscibus, omniā, insece, fuisse, deinde, simul, quā, quando, itaque, atque, quaeratis, facile u. s. w. (Havet S. 57 f.).

Allerdings können fast alle überlieferten altlateinischen Gedichte in das vorgeschlagene Schema eingefügt werden, aber ebenso gut auch Fragmente der unstreitig in Prosa abgefassten zwölf Tafeln (Ritschl**), Stücke aus der Mitte einer prosaischen Rede (Havet)

---

*) Das Schema Havet's werde ich im Anhang dieser Abhandlung mittheilen.

**) Noch entschiedener Buchholtz Priscae Latinitatis originum libri tres S. 218: Leges olim omnes a Romanis his versibus conscriptas esse facile cognoscas. Als Beleg wird eine total missverstandene Stelle Cicero's de legg. II 59 angeführt.

oder auch entschiedene Hexameter*), woraus doch hervorgeht, dass ein derartiges Schema, wo alle möglichen Kürzen durch eine Länge ersetzt werden können und, wenigstens nach Ritschl, Bartsch, Jordan u. a., keine Cäsur eingehalten werden muss, wo der Hiatus ganz facultativ ist u. s. w., überhaupt viel zu dehnbar ist, um ernsthaft genommen werden zu können.

Ein zweiter, aber auch sehr schwer wiegender Einwand gegen das bisherige System ist nur der Umstand gewesen, dass trotz der bewegten grossen Elasticität des Schemas gerade die Hauptverfechter desselben wie der um die Edition der echten Saturnier so ausserordentlich

---

*) So wird der evidente Hexameter „Hostem, Romani, et ex agro expellere vultis" von Havet S. 38 als Saturnier gefasst, wobei er pellere statt expellere und e in agro als here nimmt. Einen zweiten solchen Vers, der im philologischen Anzeiger 1863 Heft 1 S. 34 als Saturnier interpretiert wird, hat Havet wahrscheinlich nicht bemerkt. Es ist der Hexameter des Ennius: „Sparsis hastis longis campus splendet et horret". Am Schlusse, bei Besprechung der Fragmente des Livius, werden wir noch 4—5 Hexameter und ein Stück reimende Prosa wahrnehmen, welche man alle frischweg in Saturnier verwandelt hat. Ich möchte lieber aus dem hohen Procentsatz hexametrischer Fragmente des Livius den Schluss ziehen, dass eine hexametrische Überarbeitung der Odyssee des Livius Andronicus existiert hat, mindestens sind gewisse livianische Fragmente im Verlaufe ihrer Wanderung von einem Grammatiker zum andern in Hexameter umgemodelt worden. Dass die allgemein saturnisch aufgefasste Grabschrift der Atilia aus holorhythmischen Hexametern besteht, werden wir auch im Verlauf dieser Untersuchungen sehen. — Am weitesten in der Verwandlung reiner Prosa in angebliche Saturnier ist wohl Buchholtz gegangen in seinem Buche: Priscae latinitatis originum libri tres, Berl. 1871, wo alles nur Denkbare in dieser Weise behandelt wird. Wäre es dem Verfasser nicht offenbar bitterer Ernst, so möchte man glauben, das Buch sei eine absichtliche Deductio ad absurdum für die Anhänger der quantitierenden Auffassung. Man nehme nur z. B. S. 114: da werden eine Reihe Namen von Personen, die zu einer gewissen Geldstrafe verurtheilt wurden, ganz ernstlich als ein saturnisches Gedicht aufgefasst, dessen erste Zeile lautet: L[ucio] Térentió || L[ucio] [illegible]. Dazu die naive Anmerkung: Non nego quin Lucio Térentió

aut Térentio

aeque similiter legi possunt.

Thatsächlich vermag Buchholtz nicht bloss jeden beliebigen Meilenstein sammt Haut und Haaren, d. h. mit allen nothwendigen Zahlen, sondern auch das ganze Senatusconsultum de Bacchanalibus in Saturniermasse zu lesen. Der letzte Vers lautet (S. 236):

Dismota sient || in agro Teurano.

Wahrlich difficile est saturam non scribere. Bekanntlich ist die Ortsangabe in a. T. sogar äusserlich durch andere Schrift vom Texte des Senatusconsultums unterschieden.

verdiente Ritschl und ebenso Havet, dessen Verdienste um die Sammlung und Sichtung der saturnischen Überreste ich gleichfalls unumwunden anerkenne, nicht ohne mehrfache eigenmächtige Änderungen selbst der Steininschriften durchzukommen geglaubt haben. Nicht ohne Grund sagt Christ S. 367: „Was die Form des Verses anbelangt, so stehen wir hier auf einem äusserst schwankenden Boden. Denn von der Odyssea des Livius und dem Bellum Poenicum des Naevius haben wir nur spärliche Reste, und selbst bei diesen unterliegt die Verstheilung und der Text oft schweren Bedenken. Den sichersten Ausgangspunkt müssen daher die Saturnier der Inschriften bieten, die vier Elogien der Scipionen, der Titulus Mummianus, das Monumentum Caecilii, die Dedicatio Sorana und das Epigramma Naevianum bei Gellius.“

Ich möchte diesen „Ausgangspunkt“ noch ein wenig modificieren. Der Titulus Mummianus ist offenbar wenn nicht einfach prosaisch, doch mindestens in sehr schlechten Versen abgefasst, wie noch alle einräumen mussten, die über ihn geschrieben haben; das Monumentum Caecilii ist jedenfalls das späteste authentische epigraphische Document und dürfte somit ohne Zweifel schon deutliche Symptome des Verfalls an sich tragen, und warum von der litterarischen Überlieferung gerade das Epigramma Naevianum als authentisch und musterhaft angesehen wird, weiss ich mir noch weniger zu erklären. Viel eher wird man doch jene Verse zum Ausgang nehmen dürfen, welche ausdrücklich als Muster saturnischen Metrums von den Metrikern citiert werden. Sie lauten:

> Dabunt malum Metelli Naevio poetae.
> Summas opes qui regum regias refregit
> Magnum numerum triumphat hostibus devictis
> Ferunt pulcras creterras aureas lepistas
> Novem Iovis concordes filiae sorores
> Duello magno dirimendo regibus subigendis *).

*) Ich habe den Vers „Quo victor Leucano classem Doricam appulisset“ (Havet S. 310), welchen man neben jene Musterverse zu stellen pflegt, nicht aufgenommen, weil niemand beweisen kann, dass es ein echter überlieferter Saturnier eines archaischen Dichters ist, vielmehr ist er offenbar ein von dem Metriker selber erfundenes, sehr ungeschicktes Beispiel, welches gegen mehrere Hauptgesetze des echten Saturnius gröblich verstösst, ganz parallel dem andern vergeblichen Saturnius „Trahuntque secum multas machinas carinas.“ Von derartigen Pseudosaturniern wird weiter unten im Zusammenhang gehandelt werden.

So wenig ich die quantitierende Auffassung billigen kann, welche die Metriker der Kaiserzeit diesen Versen haben angedeihen lassen, so sehr bin ich andererseits von der materiellen Richtigkeit der Verse überzeugt. Dass aber ein principieller Irrthum bei der Auffassung dieser Verse obwaltete, das scheint mir doch auch schon aus der Hauptstelle in den Excerpten aus Caesius Bassus c. 8 deutlich hervorzugehen.*)

Nostri autem antiqui, ut vere dicam quod apparet, usi sunt eo non observata lege nec uno genere custodito, ut inter se consentiant versus, sed praeterquam quod durissimos fecerunt, etiam alios breviores, alios longiores inseruerunt, ut vix invenerim apud Naevium, quos pro exemplo ponam.

Die gleiche Bemerkung, dass von den überlieferten Saturniern keineswegs die Mehrzahl in das aufgestellte jambisch-trochäische Schema passt, drängt sich uns auch sofort auf, sobald wir die inschriftlich erhaltenen Saturnier ohne vorgefasste Meinung überschauen. Wir müssen zu einer Menge Conjecturen greifen, um eine Übereinstimmung z. B. zwischen den Scipioneninschriften und jenen Musterversen der Metriker herzustellen. Eine Masse willkürlich statuierter Längen haben wir bereits im Vorbeigehen gestreift, aber die abenteuerlichen angeblichen Kürzen beschränken sich auch nicht etwa auf das gerügte parisuma, sondern da wird ebenso gelegentlich magnăm dictă, ferōcia, Calypsonem, Ulixi, Proserpina, [illegible], latū, salū u. s. w. gemessen (Allen, Havet u. a.) Die vielen willkürlichen Textänderungen, die man sich aus metrischen Gründen selbst in den Inschriften erlaubt hat, werde ich später zusammenstellen.

Nehmen wir beispielsweise die Scipioneninschrift Magna sapientia etc. von 12 Halbversen, so stimmen — falls man auf willkürliche Längenhypothesen verzichtet und für jeden ganzen Vers mindestens einen reinen Jambus verlangt, wie dies in den sechs erwähnten Musterversen der Fall ist, bloss 5 Halbverse mit den obigen Musterversen.

Nicht besser sieht es bei den anderen Inschriften aus. Von der Inschrift Cornelius Lucius Scipio Barbatus mit 12 Halbversen stimmen bloss 4—5 Halbverse ohne willkürliche prosodische Hypothesen, nämlich:

Scipio Barbatus; Taurasia Cisauna; Subigit omne Loucanam.

---

*) Das ganze Capitel über den saturnischen Vers s. im Anhang.

opidésqu(e) abdoucit; ferner, falls wir diese Synizese zulassen, fortis vir sapiensque (= sapjensque).

Von der ältesten Scipioneninschrift stimmt gar nur ein einziger Halbvers (filios Barbati) unter 12 Halbversen. Wenn wir diese drei Inschriften zusammennehmen, so erhalten wir also neben 25—26 falsch gebauten Halbversen 10—11 richtige.

Oder sehen wir auf die in das Schema passenden ganzen Verse, so finden wir: Scipioneninschrift Nr. 32: kein Vers; Scipioneninschrift Nr. 30: 1 Vers: Subigit omné Loucánam | ópsidésqu(e) abdoúcit. Nr. 33: 2 Verse: Is hic sítus quei núnquam | víctus ést virtútei und Annós gnatús vigínti | is lóceis mandátus. Also 3 ganze Verse unter 18!

Solch ein schreiendes Missverhältnis zwischen überlieferten Musterversen und authentisch überlieferter Praxis kann nur eine Deutung zulassen, nämlich die eines capitalen Missverständnisses, insofern die Metriker der Kaiserzeit die überkommenen alten Verse völlig falsch auffassten; und den Schlüssel, wie die überkommenen Verse richtig aufzufassen waren und noch sind, diesen Schlüssel bietet uns eine ganz allgemeine Erwägung.

Es ist ein oft gebrauchter Satz, dass die Weltgeschichte in Spiralen läuft, und besonders auch diejenigen, welche mit der Entwicklungsgeschichte der lateinischen Sprache sich befassten, haben wiederholt schon darauf hingewiesen, wie manche Erscheinungen, die in der spätesten Periode an die Oberfläche kommen, sicheren Anzeichen nach auch in der ältesten Periode vorhanden waren, wie sie mehr oder weniger latent selbst in der Periode der Classicität ihr Dasein fristeten, obgleich sie damals von den massgebenden Schriftstellern in Acht und Bann gethan und also von der eigentlichen Litteratur ausgeschlossen waren. Man pflegt diese Erscheinungen nicht ganz mit Recht vulgäre zu nennen; denn die Bezeichnung trifft eben nur dann zu, wenn man sich auf den exclusiv classischen Standpunkt stellt. In der classischen Epoche allerdings gehören diese Erscheinungen dem „Volke" an, dem volgus profanum im Gegensatz zu den Gebildeten, den docti. zu Caesars Zeit sagt selbst ein Mimendichter wie Laberius, dass er lieber in Versen als in Rythmen habe dichten wollen *) — aber sowohl in der vorclassischen als in der nachclassischen Zeit beherrschen diese sogenannten

*) Laberius V 55 (ed. Ribb.³):
Versorum, non numerorum numero studuimus.

Vulgärerscheinungen auch die gebildeten Kreise. Man kann den Gegensatz vielfach auch so fassen, dass wir einerseits national-latinischen, andererseits hellenisierenden Gepräge erkennen.

Ein solcher Entwicklungsgang von einer urnationalen Periode zur classisch-hellenistischen und von da wieder scheinbar rückwärts zu einer anti-classischen vulgär-nationalen Periode liegt uns nun offenbar auch in der römischen Verskunst vor. Blicken wir zunächst auf die spätere lateinische Poesie, so bemerken wir lange Zeit hindurch ein gewaltiges Ringen zweier Principien: auf der einen Seite steht das rythmische, auf der anderen das metrische Princip, das erstere beachtet den Wortaccent und missachtet die Quantität, das zweite beachtet die Quantität und setzt sich über die gewöhnliche Betonung der Wörter hinweg. Der jahrhundertelang wogende Kampf hat mit dem vollkommenen Sieg des rythmischen Princips geendet. Ein anderes Resultat war nicht möglich, denn die Natur der Sprache und die des Volkes standen auf Seite des rythmischen Princips, jenes andere Princip war nur importiert und künstlich gepflegt worden. Naturam expelles furca, tamen usque recurret.

Selbst in der besten classischen Zeit, wo sich unmetrische Poesie gar nicht hervorwagen durfte, zeigt sich trotz der Allmacht hellenistischer Cultur die urwüchsige Neigung nach dem Accent zu dichten in den Soldaten- und ähnlichen Volksliedchen, sofern nämlich in die langen, also betonten Stellen des Versschemas die betonten Wortsylben gerückt werden. Es ist dieses ein Compromiss zwischen rythmischer und metrischer Poesie.

Um einiges derart zusammenzustellen:

1. Triumphspottlied der Soldaten auf Cäsar: *)

    Caésar Gállias **) subégit || Nicomédes Caésarem
    Écce Caésar núnc triúmphat || quí subégit Gállias
    Nícomedes nón triúmphat || quí subégit Caésarem

2. ebenso ***)

    Úrbani servàte uxóres || moéchum cálvom addúcimus
    Aúrum in Gállia éffutuísti || híc sumpsísti mútuum.

3. ebenso †)

    Gállos Caésar ín triúmphum || dúcit ídem in cúriam
    Gálli brácas déposuérunt || látum clávum súmpserunt

---

*) Sueton div. Jul. 49.

**) Andere lesen Gállias Caesár.

***) Sueton div. Jul. 51.

†) Sueton div. Jul. 80.

4. Spottvers auf Caligula: *)

Sálva Róma sálva pátria | sálvus ést Germánicús.

5. Triumphlied der Soldaten Aurelians (nach Corssens Herstellung) **)

Mílle mílle mílle mílle || mílle décollávimús
Únus hómo mílle mílle || mílle décollávimús
Mílle mílle mílle mílle || vívat quí mílle óccidít
Tántum víni némo hábet || quántum fúdit sánguinís

6. ebenso: ***)

Mílle Sármatas mílle Fráncos || sémel et sémel occídimús
Mílle mílle mílle mílle || mílle Pérsas quaérimús.

7. Trochäisches Distichon des Volks auf Cäsars Statue: †)

Brútus quia régés eiécit || cónsul prímus fáctus ést
Híc quia cónsulés eiécit || réx postrémo fáctus ést.

8. Spottverse auf Ventidius Bassus (Gellius XV 4):

Concúrrite ómnes áugurés harúspicés
Porténtum inúsitátum cónflatúm est récens
Nam múlos quí fricábat cónsul fáctus ést.

9. Kinderspielverse aus der Zeit des Horaz: ††)

a) Réx erit qui récte fáciet | quí non fáciet nón erit.
b) Hábeat scábiem quísquis ád me || vénerit novíssimús

10. Spottverse des Volkes †††) auf den bei Juvenal erwähnten Sarmentus.

Áliud scríptum habét Sarméntus || áliud pópulus vóluerát.
Digna dígnis: sic Sarméntus || hábeat crássas cómpedés.
Rústicí ne níl agátis || áliquis Sármentum állegát.

11. Dazu gehört gewiss auch eine ziemliche Partie der Verse gleichen Metrums, die sich unter den antiken Sentenzensammlungen befinden, z. B. in der Ausgabe des Publilius Syrus von Wölfflin S. 116:

Súpplicem hóminem opprímere vírtus || non est, séd crudélitás.
S. 78: Frústra cum ád senéctam véntum est. || répetas ádulescéntiám.
S. 67: Áleátor quánto in árte est || mélior, tánto est néquiór.

---

*) Sueton. Calig. c. 6.

**) Vopiscus Aurel. c. 6.

***) Vopiscus Aurel. c. 7. Im zweiten Verse sind die ersten vier mille von Corssen hinzugefügt

†) Sueton. div. Jul. c. 80

††) Hergestellt aus den porphyrionischen Scholien zu Hor. epist. I 1, 59 u. p. 417 Allen S. 34.

†††) schol. Juven. 5, 3 „Per ludos quibus primum quattuordecim ordinibus sedit, haec a populo in eum dicta sunt.“

Von Inschriften sind u. a. zu vergleichen.

C. I. L. I 1273 (= Bücheler, anthol. epigraph. specim. I = progr. Gryphisw. 1870 Nr. 32 S. 13), also von Mommsen noch in die republikanische Zeit verlegt:

Honéstam vítam víxsit píus et spléndidús
Ut quísque aspíciat síc [se der Stein] honéste vívere

Bücheler a. a. O. Nr. 31 V. 34 35:

Paulína véri et cástitátis cónscía
Dicáta témplis átque amíca núminum

Bücheler a. a. O. Nr. 30 S. 13:

Víxi beátus dís amícis lítteris
Manes colémus númque opértae mánibus
Divína vis est aévitérna témporis.

Bücheler a. a. O. Nr. 43 S. 21:

V. 8—12: Veníste amoéna inter mórbum gárrulá
Quam sí qua píetas invídiat caeléstiúm
Vivénti ingénio sóli et líta réddité
Altérius mémorem quém paréntes díxerint
Cum prímum nátus Lúcilíanum Cássium.

Aus der Zeit Trajans, wie man vermuthet, Bücheler anthol. epigr. III Nr. 14 S. 13:

Híc Clárchus qui dum víxit Graéco mágno nómine
Núncupátus fáctis méruit nomen hóc et lítteris
Infámis cáp[tus . . .]

Bücheler anthol. epigr. III Nr. 17 S. 14.

Hóc sepúlcrum cónfrequéntent á me qui sunt líberi
C[irc]umvénias quós relínquam vél manúmissis volúm
Át postréma páteat ípsam quísque ex is prov[en]erit.

Aus der Zeit Hadrians sind überliefert die Verse (Spartianus, Hadr. c. 16):

Égo nólo Caésar ésse
Ámbuláre pér Británnos
Scýthicas pati pruínas

Mit der Erwiderung: Ego nolo Florus esse
Ambuláre pér tabérnas
Látitáre pér popínas
Cúlicés patí rotundos *)

Selbst bei den classischen Dichtern hat man verschiedentlich grosse Rücksicht auf den Wortaccent wahrgenommen. Horaz z. B. lässt in der fünften Sylbe des Alcaicus hendecasyllabus mit nur zwei Ausnahmen Accent und Ictus im Einklang stehen **)

Noch interessanter als diese Beispiele eines Compromisses zwischen Rythmik und quantitierender Verskunst sind die anderen, wo wir einen förmlichen Rückfall quantitierender Versmacher in das uralte volksthümliche accentuierende System, Missachtung der Quantität zu Gunsten des Wortaccents wahrnehmen. Das älteste Beispiel bietet der titulus Mummianus von Reate in dem bis jetzt unerklärt gebliebenen Hexameter:

C. I. L. I 542 V. 4:

Cógendei dissolvendei tu ut fáciliá faxseis.

Dies ist zu lesen

Cógendei dissolvendei t(u) ut facília fáxseis.***)

Mummius ist auf einmal unversehens in das accentuierende Schema gefallen:

⊥ — | ⊥ — | ⊥ — | ⊥ —
´ v v | ´ v v | ´ v †)

*) So wenigstens erscheint der Rythmus der Überlieferung. Wenn man — gegen die Handschriften — ambulare liest, fallen freilich die Anfänge dieser Verse als Beweismaterial für unser Thema weg. Man vermuthet ferner: Culices pati profundos, was mir ziemlich matt vorkommt. Rund sind die Stechfliegen, wenn sie sich den Bauch recht vollgesogen haben. Ich finde also den Einwand Eyssenhardts (Florus und Hadrianus S. 20) gegen die „runden Mücken" nicht begründet. Dagegen möchte ich glauben, dass das erste Gedichtchen ursprünglich ebenfalls vierzeilig gewesen ist. Dann hätten wir eine schöne Responsion.

**) G. Fraccaroli, Saggio sopra la genesi della metrica classica. Firenze 1891 S. 17. Anderes hat K. von Hallwürk in der Berliner Zeitschrift für das Gymnasialwesen XXIX S. 449 ff. nachgewiesen.

***) Vgl. weiter unten das Beispiel

[illegible]

Der Dactylus senem ví ist vom quantitierenden Gesichtspunkte aus nicht weniger anstössig als hier das t(u) ut fá, vom rythmischen Standpunkte aus aber sind beide Dactyli richtig.

†) Ich bezeichne die Betonung mit ´, die nichtbetonten Sylben mit v.

Ein hübscheren Exempel für die Zeit, wo beide Principien noch miteinander um die Herrschaft rangen, oder wo das ältere sich wenigstens noch gegen völlige Ausrottung wahrte, könnten wir uns kaum wünschen. Vom Standpunkte der reinen griechischen Metrik aus wäre die Stelle ein unlösbares Räthsel.

Man glaube übrigens ja nicht, dass dieses Beispiel allein stehe und die rythmische Messung sich ohne weiteres als analogielose Hypothese abweisen lasse: ich kann noch eine ganze Reihe Beispiele beifügen, die theilweise sicher aus Zeiten stammen, wo noch classisch gute lateinische Gedichte gemacht worden sind. Die Citate der nächstfolgenden vier Nummern gebe ich nach Bücheler, anthologiae epigraphicae latinae specimen primum:

Nr 42 V. 4: Aurúnceus érat Fórmis érat nómine.

Hier ist also érat zweimal gebraucht, als hätte es langes e. Daneben haben wir den Compromissvers:

V. 8: Nec quoíquam fíls negávit bénit ómnibús.

Ritschl setzt dieses Gedicht in die republikanische, Mommsen in die Kaiserzeit.

Nr. 45 V. 11: Quoniám me fórtuna*) iníqua nón sivit frui

Mommsen hat dieses Gedicht in den I. Band des Corpus aufgenommen (Nr. 1019), datiert es also in die republikanische Zeit.

Nr. 46 V. 8: Valeás viátor lécter méis [eas] cárminis

Nr. 47: Arcam át sepúlchra cúltor vérbi cóntulit
Et céllam struxit súis cúnctis súmptibus
Eclésiae sánctae hánc relíquit memoriam
Salvéte fratres púro corde et símplici
Evódius vos sáncto sáncte spíritú.

Gleichfalls noch in die republikanische Zeit verlegt man gemeiniglich die Orakeltäfelchen aus der Nähe von Patavium, welche plebejische oder provinziale Hexameter mit stark rythmischer Beeinflussung zeigen; als rythmische Beeinflussung fasse ich die Verlängerung solcher kurzen Sylben, welche im gewöhnlichen Leben accentuiert sind, und die Verkürzung solcher unbetonten Sylben, welche in der gewöhnlichen quantitierenden Poesie naturlang oder positionslang wären.

---

*) Haupt im C. I. L. I 1019 will allerdings fors lesen, wodurch dieses Beispiel in Wegfall käme. Allein da auch die Anfangsverse allerlei Unebenheiten enthalten, die man bisher nicht ganz wegräumen konnte, so bleibt es unsicher hier zu einer Textänderung zu greifen.

C. I. L. I 1440

De incerto certa ne fiant si sapis cáveas (= cávjas)

1444:

Formidat omnes quod metuit id sequi sátiust.

1449:

Non sum mendacis quas dixti cónsulis stulte

1450:

Nunc me rogitas nunc cónsulis tempus abiit iam

1452.

Postquam ceciderunt se res nunc cónsulis tum me

1453:

Quid fugis quid metis tibei quod datur spernere nolei

1454:

Quur petis postempus consilium quod rogas non est.

Auch wird man wohl Nr 1447 hierher ziehen dürfen:

Iubeo et is ei si fecerit gaudebit semper

Unter den poetischen Erzeugnissen der Lateiner findet sich kein zweitesmal is als Nom. Sing.

Aus der caesarisch-augusteischen Epoche stammen die Grabinschriften des Bäckers Vergilius Eurysaces und seiner Frau Atistia zu Rom C I L I 1013–15. 1016. Man pflegt beide als saturnisch anzusehen, ohne dass es einem Unbefangenen ersichtlich wäre, inwiefern z. B. der angebliche Vers. Pistóris redemp- | tóris appáret (Ritschl) eine Wiedergabe des Schemas Dabúnt malúm Metélli || Naévió poétae sein soll.

Was zunächst die auch von Bücheler anthol. epigr. III S. 10 als saturnisch angesehene Inschrift des Bäckers selbst betrifft, so besteht sie, wie mir scheint, vielmehr aus einem rythmischen Senar nebst einem überschüssigen gleichartigen Fragmente zum Schluss:

Est hóc monuméntum Márcei Vergíl(ei)*) Eurýsacis

Der zweite fragmentarische Vers wird gleichfalls als rythmischer Jambus aufzufassen und also folgendermassen zu scandieren sein:

Pistóris rédemptóris appáret ⏑ ⏑ ⏑

Die Grabschrift der Bäckersfrau ist in folgender Weise fünfzeilig in den Stein gemeisselt:

Fuit Atistia uxor mihei
Femina opituma veixsit
Quoius corporis reliquiae
Quod superant sunt in
Hoc panario

*) Dass man Vergili betonte (= Vergílii), ist ausdrücklich überliefert.

Man pflegt es in „saturnisches" Mass zu zwängen, nicht ohne verschiedentliche Misshandlung des epigraphisch überlieferten Textes. Havet z. B. erlaubt sich folgende totale Änderung der Überlieferung:

Fuit uxor mi(hi) femina || optuma*) veixit
Quoius reliquiae quot superant || sunt in hoc sepulcro

Andere werfen femina aus u. s. f. Meines Erachtens sind es rythmische Hexameter und folgendermassen zu scandieren

Fúit Atisti(a) uxór | mihi fémin(a) opítuma veixit
Quoíus corporis réliquiae quod súperant súnt in
Hóc panário

Man vergleiche die spanische Inschrift C. I. L. II 1821:

Ave
Herennia Crocine
Cára sueís inclús(a) | hoc túmulo Crócine cára
Sueis vixi ego et ámi(e) | aliaé venére puellae
Idem (e)st lectór discédens dícat Crócine sit tibi terra levis.

Das sind 3 Hexameter mit rythmischer Beeinflussung; der dritte verläuft mittelst 3 überzähliger Sylben in den Schluss eines Pentameters.

Gerade wie in diesem spanischen Gedichte sehen wir auch in jenem römischen Bäckergedichte beide Principien der Verskunst vertreten, das prosodische und das rythmische.

Die Messungen fúit, opítuma, súperant zeigen das rythmische Princip, während entschiedene Vernachlässigung des Wortaccents und einseitiges Einhalten des quantitierenden Princips in uxór und reliquiaé zu erkennen ist. Ausserdem ist bei Atistia Synizese und bei corporis entweder archaisierende Nichtachtung des schliessenden s oder Eingreifen des accentuierenden Princips anzunehmen. Dass wir in den fraglichen Zeilen einen poetischen Erguss des verwittweten Bäckers zu erkennen haben, diess lehren uns die seltsame Stellung der Worte sowie die für die augusteische oder caesarische Zeit sehr auffälligen Wortformen. Gelungen ist ihm sein Bestreben schlecht genug: was wir lesen, sind mehr Knittelverse als Hexameter; aber gerade die Einmengung des rythmischen Princips**) in ein metrisch

*) Schon diese Verwandlung des überlieferten opituma in das ordinäre optuma widerstreitet allen gesunden kritischen Grundsätzen.

**) Man möge sich erinnern, dass Laberius eben in dieser Zeit die vulgäre rythmische Dichtungsart (numeri) den feineren Versen (versus, resp. versi) gegenübergestellt und es sich offenbar zum Verdienst angerechnet, in seinen Mimen die Verse vorgetragen zu haben, obgleich der Gegenstand ihm gewiss auch die Anwendung der vulgären Rythmik in der Weise, wie dieselbe aus den volksthümlichen Inschriften hervorgeht, gestattet hätte.

angelegtes Gedicht erinnert auf das schlagendste an die jetzt gleich anzureihenden, vielleicht gleichzeitigen poetischen Ergüsse des pompejanischen Volkes: ich meine zunächst die Inschrift Nr 1824 bei Zangemeister (C. I. L. IV):

(Quisquis amat veniat: Veneri volo frangere costas
  Fustibus et lumbos debilitare deae)
Si pŏtĕst illa mihi tenerum pertundere pectus,
Quīt ĕgō non possim caput illae frangere fuste?

Hier ist est in potest als kurz angesehen, weil es unbetont ist, dagegen quid, geschrieben quit, wird als lang gemessen, weil es den Ton hat. Ausserdem ist mit dem vierten Verse das elegische Metrum verlassen, was zu den übermässigen Versfragmenten in den Inschriften des Eurysaces und der Atistia eine Art Analogie bildet.

Weiter gehört hieher die Wandinschrift Nr. 1516 bei Zangemeister:

Hic ego nunc futue (= futui) formosa(m) fŏrmā puellā(m),
  Laudata(m) a multis, set lutus intus erat.

Später als 79 n. Ch. können die Verse natürlich nicht fallen.

I. R. N. 7017 haben wir den Vers:

Hoc pat(er) infelix posuît *pĭī nâtē* merenti

Orelli 7386:

Cóndecoráta legi debit tam *sîmplĭcī* vita

In einer zu Rom befindlichen griechischen Inschrift des ersten oder zweiten Jahrhunderts (Kaibel, epigramm. Gr. Nr. 681) stossen wir plötzlich auf folgenden Pentameter:

Παντίζοντα γάμου δ' ἄτεκνα κληρονομίη.

Ebenso wird *γονίον* gemessen von einem griechisch schreibenden Römer des zweiten oder dritten Jahrhunderts auf einem Denkmal zu Stockstadt im bayrischen Franken (Jos. v. Hefner, das röm. Bayern, München 1852 S. 290).

Σωθεὶς ἐκ πολλῶν καὶ ἀπειρήτων μάλα μόχθων
Εὐξάμενος ἀνέθηκα Γονίου εἰκόνα σωτῆρ.

Von den obigen Compromissversen fallen Nr. 5 und 6, aus der Zeit Aurelians, eigentlich in unsere Kategorie, sofern da bereits ohne Skrupel hómo, habet, Sarmáticis mílle, sémel et sémel gemessen wird. Ich möchte sie nur oben von den übrigen Beispielen gleichen Genres, nämlich der Triumphlieder, nicht abtrennen.

Aus der ersten Hälfte des dritten Jahrhunderts stammt auch die Inschrift (bei Bücheler anthol. epigr. III Nr. 18 S. 15).

Víve laétus quísquis vívis | víta párvum múnus ést
Móx exórta est sénsim vigéscit | deínde sénsim déficit
ganz nach jenem Rythmus.

Tántum víni némo hábet | quántum fúdit síngulis.

Der gleiche volksthümliche Rythmus, in dem bekanntlich u. a. auch das Pervigilium Veneris abgefasst ist, hat sich in den spanischen Romanzen bis auf den heutigen Tag erhalten:

Yó salí de la mi tiérra | pára ír a Diós servír
Ý perdí lo qué había | désde mágo hásta abríl
Éllos én aquésto estándo | él buen Cíd que ásomó
Cón trescientos cabálléros | tódos hijos dálgo són

Es ist dieses das populärste Versmass der spanischen und portugiesischen Poesie.

Man kann die inschriftlichen Beispiele rythmischer Beeinflussung der lateinischen Volkspoesie noch ganz erheblich vermehren, doch wäre das eine Abhandlung für sich.

Ebenso entschieden wie in den Inschriften zeigt sich vom dritten Jahrhundert an das rythmische Princip auch schon in der Litteratur, und zwar bei den christlichen Dichtern. So sagt Commodian (ed. Ludwig I S. 24):

Únde non effúgies iudícium Chrísti definítum

Ganz dasselbe zeigen die Verse des Dracontius, Sedulius, Pseudocyprian u. s. f. (s. Teuffel, röm. Litteraturgesch. § 457 466 Appendix zu Cyprian).

Ein Hexameter des siebenten Jahrhunderts, welchen Schuch de poesis latinae rhythmis et rimis, praecipue monachorum, Donaueschingen 1851 S. 13 citiert, lautet

Et luctus animae det flétum verí dicénti

Gleichartig sind die ältesten christlichen Hymnen, von welchen ich nur zwei bereits von Beda beispielshalber angehobene Strophen citieren will:

O réx aetérne dómine
Rérum creátor ómnium
Quí éras ánte saécula
Sémper cum pátre fílius.

Und:

Appárebit repentína
Díes mágna dómini
Fúr obscúra vélut nócte
Impróvisos óccupans

Jede im gewöhnlichen Leben betonte Sylbe kann den Ictus haben und als Länge gelten, und jede unbetonte Sylbe als Kürze.

Wie nun im Verlauf des Mittelalters dieses rythmische Princip, namentlich in Folge seiner Verbindung mit dem Reime den vollständigen Sieg über die antik-classische quantitierende Verskunst davongetragen hat, dies möge man in der sehr instructiven Schrift Wilh. Meyers nachlesen: Der Ludus de Antichristo und über die lateinischen Rythmen, München, akademische Buchdruckerei von F. Straub 1882. Hier in unserem Falle interessiert uns zunächst nur die Frage, ob wirklich, wie ich im Vorhergehenden angedeutet habe, auch in der vorclassischen Periode der römischen Poesie das rythmische Princip zu erkennen ist oder nicht, mit andern Worten, ob sich die überlieferten sogenannten saturnischen Verse als rythmische auffassen lassen oder nicht? Und hier machen wir nun die überraschende Entdeckung, dass in der That ein ungemein grosser Procentsatz sich in die von den Metrikern aufgestellten Schemata fügt, sobald wir schon die überlieferten Musterverse als rythmische Verse auffassen, und zweitens machen wir die ebenso überraschende Entdeckung, dass die Erscheinungen, welche sich uns in den altlateinischen Versen darstellen, sobald wir sie durch die Brille der Rythmik betrachten, in auffallendster Weise mit den von Wilhelm Meyer für die spätere rythmische Poesie ermittelten Gesetzen harmonieren. Nicht die Metriker also haben über den alten verschollenen Saturnius das Richtige gelehrt, sondern der Vergilscholiast hat recht, wenn er zu Georg. II 385 angibt, jener Vers sei ad rythmum solum compositus.

Nehmen wir das bekannteste Schema:

Dabunt malum Metelli Naevio poetae

und lesen wir es statt quantitierend vielmehr accentuierend, so erhalten wir einen Typus, der sich uns sofort als wirkliche Idealform des ausgebildeten, feineren Saturniers darstellt. Wir haben also dann nicht:

Dăbūnt mălŭm Mĕtēllī | Naēvĭō pŏētae

sondern:

Dábunt málum | Metélli || Naévió | poétae

Die Quantität ist völlig gleichgiltig, um so mehr kommt auf den Wortaccent an; ich bezeichne die betonten Sylben mit /, die unbetonten mit v, also:

/ v / v | v / v || / v / | v / v

So sind, und zwar genau nach diesem Schema, folgende Halbverse und Verse gebaut: C. I. L. I 32, ältestes Elogium, auf den Sohn des Scipio Barbatus:

V. 3: | fílios | Barbáti
V. 4: Cónsol cénsor | aidílis |

C. I. L. I 30, zweitältestes Elogium, auf den Vater Scipio Barbatus:

V. 1: | Scípio | Barbátus
V. 2: Gnaivod pátre | prognátus | fórtis vír | sapiénsque *)
V. 3: Quoíus fórma | virtútei |
V. 4: Cónsol cénsor | aidílis |
V. 6: | ópsidésqu(e) | abdoúcit

C. I. L. I 33, drittes Scipionen-Elogium:

V. 1: | fláminis | gesístei
V. 2: Mórs perfécit | tu(a) **) ut éssent |
V. 3: Hónos fáma | virtúsque | glóri(a) átqu(e) ingénium *)
V. 5: | glóriám | maiórum
V. 6: Quáre lúbens | t(e) in grémiu *) |
V. 7: Térra Públi | prognátum | Públió | Cornélí

C. I. L. I 34, viertes Scipionen-Elogium:

V. 2: | pósidét | hoc sáxsum
V. 3: Quoíei víta | defécit
V. 4: Ís hic sítus | quei núnquam | víctus est | virtútei
V. 5: Ánnos gnátus | víginti |
V. 6: Né quairátis | honóre |

C. I. L. I 1175, Weihinschrift von Sora:

V. 1: Quód re súa | difeídens |
V. 2: Párens timens | heic vóvit |
V. 3: | leíbereís | lubéntes
V. 5: Sémol t(e) orant | se vóti

C. I. L. I 1006, Grabschrift des Caecilius:

V. 2: Hóspes grátum (e)st | qu(om) apúd meas ***)

C. I. L. I 1071 (aus einer Grabschrift, nach Bücheler und Havet ein Saturnier).

Heic sunt dúo | concórdes

C. I. L. I 1072 (aus einer Grabschrift):

Frúgi bóna | pudíca

*) Bei i ist Synizese anzunehmen.

) Synizese bei tua — tva, wie in der hexametrischen [illegible] des [illegible] V. 8. *) meas — mjas mit Synizese.

I. R. N. 3539 (aus einer Grabschrift):

Rógo té ut | viátor || nóli mé | nocére.

Damit stimmen folgende Verse und Halbverse des Livius Andronicus und Naevius aus dem Verzeichnisse bei Havet S. 425 ff.:

A. Livius Andronicus: *)

Vírum míhi | Caména || ínsece | versútum
Páter nóster | Satúrni || fílie | . . .
Méa púer | quíd vérbi ||
|| aúreó | et glútro
Túque mihi | narráto || ómniá | disértim
Quaé haec dápsa est | quí féstus || díes . . . .
Mátrem (méam) | procitúm || plúrimí | venérunt
Quándo díes | advénit **) ||
Aút in Pýlum | adveniéns **) ||
Íbidémque | vír súmmus ||
Átque éscas | habémus ||
Pórtum érrant | nequínont || Graéciám | redíre
Ápud nýmpham | Atlántis ||
Utrum génua **) | amplécteus || vírginem | oráret
Ín mémens | sedéto | dómicium | vadétur
Mé carpénto | vehénte ||
|| noégeó | detérsit
Námque péius | níhilum ***) || mácerát | homónem †)
Mágnae tópper oder Tópper (virum) | confríngent ||
|| fília | Latónas
Nám divína | Monétas ||
Tópper fácit | homónes ††) ||
Tópper cítí | ad aédis ||
Iám in áltum | expúlsa || Mátre . . .
| parcéntes || praémodúm | . . .
. . quóniam **) | audívi ||
Véstis púlla | purpúrea †††) || ámpla . . . .
. . dáemo | in lóco ||

---

*) Die in eckige Klammern gefaßten Buchstaben sind bei Havet aus Conjectur zugefügt.

**) Synizese.

***) nullum peius die Überlieferung, nihilum pejus Havet

†) hominem die Überlieferung, homonem auch Havet.

††) homines die Überlieferung.

†††) Synizese.

Alle diese Stellen sind aus des Livius Odysseeübersetzung, welche notorisch in Saturniern abgefasst war

Dazu kommt noch der ganz richtig gebaute Saturnier aus des Livius Hymnus auf Iuno Regina:

Sáncta púer | Satúrni | fíliá | regína.

B Naevius:

Aus dem punischen Kriege (Havet S. 434 ff.):

Eórum *) séctam | séquuntur ||
Úbi fóras | cum aúro ||
Múlti álii *) | e Troiá |
|| fécerit | quáliter
| quómodó | Titáni
Rúncus átque | Purpúreus *) ||
Deínde *) póllens | sagíttis ||
Sanctus Ióve **) | prognatus || Pýthiús | Apóllo
Ínque eórum | ad caélum | ...
Póstquam ávem | aspéxit ||
|| órdine | ponúntur
Ímmolábat | aurátam ***) ||
Vírum praétor | advéniens *) || auspícat | auspícium *)
|| vólui | victóriam *)
Cénset éo | ventúrum ||
| cónterit | legiónes *)
| ílicó | sedérent
Réconciliant *) | captívos ||
Siciliénses *) | paciscit || óbsidés | ut réddant
Éi vénit | in méntem || hóminum | fortúnas
Fámes ácer | augéscit || hostílibús | . . .
Onerárias *) | onústas ||
Régem fratrem | Neptúnum ||
Súmme déum | regnátor ||
| Samnític ||
. . . . | períre | mávolúnt | ibídem
Quám cum stúpro | redíre |
|| fíerí | per géntis
Nócte Troiád †) | exíbant ||

*) Synizese

**) Iove schreibt Havet; überliefert ist quo Delphis.

***) auream die Überlieferung

†) troiade die Überlieferung, troiad auch Havet.

Fléntes ambae | abeúntes*) || lácrumís | cum múltis
|| pàrsét | locústa
Lúcam bóvem | . . . ||
Quí dum máre | sudántes ||
Férunt páteras | cretérras || aúreas | lepástas
Mágni métus | tumúltus || péctora | possídit**)
Nóvem Iovis | concórdes || filiaé | soróres
Pátrem súum | suprémum || óptumum | appéllat
Scópas átque | verbénas || ságmina | sumpsérunt
Símul álius*) | aliúnde*) ||
Tópper s[illegible]í | capéssit ||
|| hóstium | pro moéne
Símul duóna | eórum ||
Mília*) ália*) | in isdem ||

Ebenfalls nävianisch ist (Havet S. 419) vielleicht folgender Vers:
Súmmas ópes | qui régum || régias | refrégit.

Von dem höchstwahrscheinlich apokryphen Gedichte des Nävius auf sein eigenes Grabmal stimmen bloss 2 Verse unter 4:
Immortáles | mortáles ||
Flérent dívae | Caménae || Naévium | poétam
|| tráditus | thesauro.

Sicher echt aus der nävianischen Zeit ist der Mustervers:
Dábunt málum | Metélli || Naévio | poétae.

Weiter reihen sich an diese dem Bereiche des Livius und Naevius entnommenen Beispiele noch folgende zerstreute ganz regelmässig gebaute saturnische Reste:

1 Eine gewisse uralte Besprechung um Fussschmerzen zu heilen. Auch im Altdeutschen gehört eine Besprechungsformel für den verrenkten Fuss eines Pferdes zu den urältesten Sprachdenkmälern

*) Synizese
**) possidit die Überlieferung, possedit auch Havet.

Varr. de re rust. I 2, 27:

Térra péstem | tenéto || sálus hic *) | manéto

2. Eine gleichfalls gewiss uralte Formel bei Servius zur Aeneis VIII 183:

Dá quod débes | de mánu || (déxt¦e¦ra áris)

Die zweite Hälfte hat eine Sylbe zu wenig, eine nicht eben seltene Erscheinung, die weiter unten besprochen wird. Havet scheint diesen Vers übersehen oder absichtlich übergangen zu haben. Auch in den Zusammenstellungen Anderer wird der Vers vermisst.

3. Die vom Pontifex gebrauchte Formel der Calatio, Varr. de lingu. lat. VI 27:

Séptem díes | te cálo || (Iúno Covélla)

oder

Séptem díbus **) | te cálo

4. Aus den saliarischen Gesängen (Havet S. 410).

Cúme tónas ***) | Leucésie ***) ||

5. Aus dem Arvallied:

Énos Láses | iuváte |
Énos Mármor | iuváto ||
Síns incúrrer(e) | in flóres †) ||

6. Aus dem carmen Priami (Havet S. 440)

|| véterés | casménas.

7. Capitolinische Triumphalinschrift aus dem Jahr 190 v. Ch.: Caesius Bassus S. 265 K.:

Fúndit fúgat | prostérnit || máxumás | legiónes ††)

8. Triumphalinschrift bei Pseudocensorinus S. 613 K.:

(Magnum numerum triumphat) || hóstibús | devíctis.

9. Fronto IV 4 p. 67 N. erzählt: Deinde in porta (Anagnina) cum eximus, ibi scriptum erat bifariam sic:

Flámen súme | saméntum ||

Wer erstaunt nicht über diese verhältnissmässig enorme Zahl ganzer und halber Saturnier, die sich uns als stricte richtig gebaut darstellen, sobald wir den überlieferten Hauptmustervers als rhyth-

*) Die Verbesserung „hinc" (Havet) würde den Vers verschlechtern.

**) Synizese. Allen liest dies, Havet dibus.

***) ponas leucesiae die Überlieferung, tonas Leucesie auch Havet.

†) Überliefert ist in pleores, was ein offenbarer Lesefehler ist und auch in lautlicher Beziehung als Unsinn dasteht.

††) Falls legiones mit Synizese gelesen wird, was übrigens an sich nicht nothwendig ist, s. das sogleich Folgende.

minchen Schema auffassen! Aber das Verzeichnis wird sofort noch um ein erhebliches grosser, wenn wir erwägen, dass ausser dem erwähnten Hauptmusterverse Dabunt malum auch noch einige andere Musterverse des Saturniers bei den alten Metrikern verzeichnet stehen, welche eine interessante Abweichung von jenem Metellerverse zeigen. Ich meine die von den Metrikern citierten Triumphalverse mit überzähligen tonlosen Sylben:

Duéllo mágno diriméndo || régibús subigéndis

Mágnum númerum triúmphat || hóstibus devíctis.

Ferner, falls keine Synizese angenommen wird, der schon oben angemerkte Triumphalvers:

Fúndit fúgat prostérnit || máximás legiónes.

Aus diesen Versen, welche von der Tradition als musterhafte Saturnier bezeugt sind, ergibt sich für unseren Standpunkt die Thatsache, dass das Schema

Dábunt málum Metélli || Naévió poétae

durch Einschiebung Einer überzähligen unbetonten Sylbe zwischen den beiden Tonsylben innerhalb der Halbzeile erweitert werden durfte, so dass also statt

/ v / v v / v || / v / v / v

z. B. auch gesetzt werden durfte

/ v v / v / v / v || / v / v v / v

oder

/ v / v / v v / v || / v v / v / v*)

Danach ergeben sich als richtig gebaute Verse und Halbverse:

C. I. L. I 30 V. 6:

Subigit ómne | Loucánam ||

C. I. L. I 34 V. 1:

Qu(ei) ápic(e) insígne | diális ||

V. 4: Quibus s(ei) in lónga | licuíset**) ||

V. 5: Fácile fácteis | superáses ||

---

*) Man hat nur die Möglichkeit bestritten, dass drei unbetonte Sylben aufeinander folgen sollen; allein erstens ist die Cäsur zu beachten, welche stets zwischen die fraglichen drei unbetonten Sylben fällt, zweitens kommt es auch in der romanischen Rythmik unzähligemal vor, dass drei unbetonte Sylben hintereinander stehen, ohne dass jemand behaupten könnte, dass die Verse deshalb unrythmisch seien. Letzteres kann man in jedem Handbuche der französischen oder spanischen Metrik nachsehen.

**) Mit Synizese bei licuiset, weil nicht zwei überzählige tonlose Sylben in einer Verhälfte sein sollen.

C. I. L. I 34 V. 6:

‖ quei manus est mandatus

C. I. L. I 1175, Weihinschrift von Sora

V. 3. Decuma facta | poloucta ‖

C. I. L. I 1006, Grabmal des Caecilius

V. 1: Hoc est factum | monumentum |

V. 3: Bene rem geras | et váleas*) ; dórmias | sine qura

Aus Livius Andronicus:

Néque tamen te | oblitus ‖
‖ filium | Calypsónem
Ígitur démum | Ulixi ‖ (frixit cor**) | prae pavóre)
Símul dácrumas***) | de óre ‖
Déque mánibus | dextrábus |

Aus Naevius

Iámque eius méntem | fortúna |
Ínerant signa | expréssa ‖
Blánde et dócte | percóntat ‖
Sacra in ménsa | penátium*) ‖
Tránsit Mélitam | Románus |
Mágnum dónum | decemque ‖
páteraque | ex áuro |
Sénex frétus | pietáti ‖
‖ quianám | genuísti
‖ éssent atque | sedéntes
Ápud empórium*) | in cámpo |
Rédeunt*) referunt | petíta |

Die Zahl dieser in zweiter Linie aufgezählten Beispiele würde noch sehr bedeutend vermehrt, wenn wir die bei der ersten Reihe so vielfach angenommenen Synizesen als unstatthaft ansehen wollten. Allein eine unbefangene Betrachtung selbst bloss der dactylischen archaischen Denkmäler ergibt zur Genüge den Beweis, dass überhaupt die archaische und volksthümliche Poesie sehr ausgedehnten Gebrauch von der Synizese gemacht hat, man sehe nur z. B. die dactylische Mummiusinschrift, die elegische Scipionengrabschrift, die Hexameter der

*) Synizese

**) Die Überlieferung cor frixit

***) Die Überlieferung ac lacrimas

patavinischen Lostäfelchen nach, und man wird hinreichende Belege für diese Behauptung finden; die gleiche Erscheinung bieten auch die jambischen archaischen Denkmäler; wir haben daher gewiss das vollste Recht, auch für die rythmischen Gedichte einen ausgedehnten Gebrauch der Synizese zu statuieren.

Damit nun ein statistisch begründetes Urtheil über die Wahrscheinlichkeit beider Auffassungen, der rythmischen und der quantitierenden, möglich sei, wollen wir abzählen, wie viele Halbverse des zweiten, dritten und vierten Scipionenelogiums und der Soraner Weihinschrift richtig gebaut sind, je nachdem wir die S 8 angeführten 6 Musterverse im einen oder anderen Sinne interpretieren. Das älteste Scipionenelogium muss, wie wir sehen werden, mit einem andern Masstab gemessen werden, und das Monumentum Caecilii kann als äusserster Ausläufer des archaischen Saturniers kaum mehr beigezogen werden.

Nach den oben angeführten Belegen hätten wir in der zweiten Scipionengrabschrift 6 richtige und 6 falsche Halbverse, in der dritten 11 richtige und 3 falsche, in der Soraner Inschrift 7 richtige und 3 falsche, zusammen unter 48 Halbversen 31 richtige und 17 falsche. Im Falle der quantitierenden Auffassung ergeben sich dagegen unter 48 Halbversen 23 richtige und 25 falsche. Die richtigen Halbverse bei Aufstellung der Bedingung, dass keine ungewöhnliche Verlängerung oder Verkürzung und keine Thesenunterdrückung und Pausenverletzung statuiert werden darf und in jeder zweiten Vershälfte mindestens Ein reiner Jambus, resp. Trochäus sich finden muss, — denn diese Bedingungen sind in den 6 Musterversen, falls wir sie als quantitierende betrachten, stricte eingehalten — sind folgende: 30, 1 b 2 b 5 a 6 a und b 33, 1 a und b 2 a 3 b 4 b 6 a 7 b 34, 3 b 4 a und b 5 a und b Dedic. Sor. 1 a und b 2 a und b 4 a und b 5 a — doch schliessen 5 a einerseits und 1 b und 2 b andererseits einander aus, sofern bei jenem Synalophe, bei diesen aber Hiatus angenommen werden müsste. Es sind also im ganzen 23—25 richtige Halbverse unter 48. Ganze Verse sind bei accentuierender Auffassung 9 richtig: 30, 2 6 33, 1 3 5 7 34, 4 6 Dedic. Sor. 3; bei quantitierender Auffassung 5—7: 30, 6. 33, 1. 34, 4 5 Dedic. Sor. 1. 2 3 — aber 1 und 2 nur bei Annahme des an sich unwahrscheinlichen Hiatus. Wir haben also das Verhältnis, dass bei der accentuierenden Auffassung etwa ⅔ der Halbverse richtig sind, während bei der quantitierenden Auffassung mehr als die Hälfte der Halbverse falsch ist. Ebenso verhalten sich die bei der accentuierenden Auffassung sich ergebenden richtigen ganzen Verse zu den bei der andern Auffassung sich ergebenden wie 9 : 5. Es ist somit schon nach diesen Proportionen im hohem Grade wahrscheinlich, dass wir an die Verse der zweiten, dritten und vierten Scipionengrabschrift und der Dedicatio Sorana nicht den quantitierenden, sondern den accentuierenden Massstab zu legen haben. Das Verhältnis wird aber ein für unsere Auffassung noch weit günstigeres, wenn wir noch einige aus den Steininschriften ersichtliche Thatsachen in Rechnung nehmen.

A. In dem oben erwähnten Satze aus den wahrscheinlich auf Caesius Bassus zurückgehenden Excerpten hatte gestanden, dass die alten Saturniendichter praeterquam quod durissimos fecerunt, etiam alios breviores, alios longiores inseruerunt. Für die längeren hatten wir mehrere Exempel unter den überlieferten Musterversen. Für die kürzeren Saturnier war aber in denselben gar kein Vorgang gegeben, und doch sind sie uns ausdrücklich bezeugt. Hier müssen wir uns zunächst an die Steine allein halten. Wir sehen da folgende Beispiele:

Sarkophag des Barbatus V. 3. ‖ Samnio cepit
Soraner Dedication V. 3: ‖ crebro condemnes.

Da wir im Zusammenstoss zweier Tonsylben die schwerste rythmische Versündigung erblicken müssen, und auch im zweiten Falle, bei crébro condémnes, gar nicht abzusehen ist, wo ein dritter Ton angebracht werden könnte, so werden wir den Ausfall einer Tonsylbe, die Beschränkung der zweiten Vershälfte auf zwei Tonsylben statuieren müssen.

/ ∪ ∪ / ∪
‖ Sámnio cépit
‖ crébro | condémnes
‖ ásper(e) | afleícta
‖ vót(o h)oc | solúto.

B. Vielleicht um diesen Ausfall wieder hereinzubringen, — denn die Zahl der Sylben war im Saturnius nicht gleichgiltig *) — wurde nun die zweite Vershälfte gerne mit einem tonlosen Vorschlage begonnen:

∪ / ∪ ∪ / ∪ **)

---

*) Vgl. namentlich weiter unten das Gesetz Nr. 12.

**) Diese uralte Form des Saturnius hat sich bis auf den heutigen Tag in romanischen Sprichwörtern erhalten, z. B. im spanischen:

Quién a uno | castiga ‖ a ciento | hostiga.
— [illegible] víta | [illegible] ‖ [illegible] | [illegible]

Danach sind gebaut die Halbverse:

Scipionengrabschrift Nr. 30 V. 3: ‖ parísuma fúit
V. 4: ‖ quei fúit | apúd vos*)
Scipionengrabschrift Nr. 33 V. 4: ‖ tib(e) útier víta
Scipionengrabschrift Nr. 34 V. 1: ‖ multásque | virtútes
V. 3: ‖ non hónos | honóre
V. 5: ‖ is lóceis | mandátus.

C. Die zweite Verhälfte darf auch nach dem Schema

‖ ´ ⏑ ⏑ | ´ ⏑ ⏑

gebaut sein. Hier wird also die vierte tonlose Sylbe statt ganz vorn vielmehr ganz hinten angebracht. Bei dieser etwas auffallenden und auch nicht gerade häufigen, im dritten Jahrhundert**) noch durchaus gemiedenen Form ist die conditio sine qua non nicht bloss dass vor der drittletzten Sylbe ein Einschnitt ist, sondern dass die ganze zweite Verhälfte durch zwei dreisylbige (dactylische) Wörter gebildet wird.

Scipionensarkophag Nr. 33 V. 1: ‖ ómnia | brévia
V. 6: ‖ Scípio | recípit
Soraner Weihinschrift V. 4: ‖ máxsume | mereto.

D. Endlich werden bei den Eigennamen und bei vier- und mehrsylbigen Wörtern sehr häufig bloss die Sylben gezählt und das Gesetz beobachtet, dass drei Sylben vor der Pause und vor dem Ende des ganzen Verses wo möglich ein Einschnitt stattfinde. Pausenmischung oder Zusammenstoss von Tonsylben sind natürlich auch bei blosser Sylbenzählung verboten. Danach sind entschuldigt folgende Halbverse:

Barbatussarkophag V. 1: Cornélius | Lúcius ‖
V. 5: Taurásia | Cisaúna ‖
Scipioneninschrift Nr. 34 V. 1: Mágna sapiéntia ‖
Soraner Dedication V. 4: Dónu(m) dánunt | Hércolei ‖

Ebenso in der alleraltesten Scipioneninschrift (Nr. 32) die später zu besprechenden Halbverse:

Lúciom Scipióne ‖
‖ Aleriáque úrbe
Dédet Tempestátebus ‖

---

*) apud vos zählt als Ein zusammengezogenes Wort apúdvos.

**) In den zwei ältesten Scipionenepitaphien sowie bei Livius und Nävius.

Nach diesen Betrachtungen bleibt von den Scipionengrabschriften Nr 30 33 34 und der Soraner Dedication bloss noch die eine vordere Hälfte von Nr 34, 2 als unerklärlicher Rest: Aetáte quom párva, also ˏ ´ ∪ | ∪ ´ ∪ || statt ´ ∪ ´ ∪ | ∪ ´ ∪ ||

Wir haben sonst keine Conjecturen an diesen Inschriften angebracht; vielleicht ist es daher hier gestattet ausnahmsweise diesen schlüpfrigen Boden zu betreten und zu vermuthen, dass das Original nicht aetate, sondern das echt archaische aevitate geboten hat *). Bei dieser kleinen Veränderung wird der Vers musterhaft richtig. Ohne dies würde ein Ton und, was vielleicht noch mehr bedeutet, eine Sylbe zu wenig in diesem Halbverse stehen.

Im ganzen können wir also hier die Thatsache feststellen, dass sich nach obigen Regeln die wichtigsten im strengen Saturnius abgefassten Steininschriften mit Ausnahme eines einzigen sehr leicht zu emendierenden Halbverses (34, 2) als rythmische Gedichte lesen lassen.

Wir wollen nunmehr die gesetzmässigen Erscheinungen zusammenfassen, die sich uns aus obigen vielen regelmässig gebauten Saturniern ergeben haben, und es wird uns dann zugleich klar werden, in welch überraschender Weise die hier bemerkten Erscheinungen mit denjenigen stimmen, welche von andern Forschern für die spätlateinische Rythmik ermittelt worden sind. Ich citiere zu diesem Zwecke das öfter erwähnte Buch Wilhelm Meyers, der Ludus de Antichristo und über die lateinischen Rythmen, München 1882, und Huemer Untersuchungen über die ältesten lateinisch-christlichen Rythmen, mit einem Anhange von Hymnen, Wien 1879. Letzterem ist es bereits aufgefallen (S. 1), dass der „altitalische Vers vieles mit den späteren sogenannten rythmischen Versen der Volks- und kirchlichen Poesie gemein hat" . . . „Auf Grund dieser vorläufigen Behauptung", fährt Huemer fort, ohne aber den Gedanken genügend weiter zu verfolgen, „lässt sich vermuthen, dass der Saturnier ein Glied in der geschichtlichen Reihe römischer Volkspoesie sei." Auf dem richtigen Weg befand sich auch bereits im Jahre 1852 der geniale Metriker Rud. Westphal, der in seiner Tübinger Inauguraldissertation den Satz ausspricht: Der Accent ist das alleinige Princip, welches dem saturnischen Verse seine rythmische Bestimmtheit gibt. Leider

---

*) Priscian. II 11, 62 = Gr. Lat. II 8, 61 Hertz: Antiqui tamen aevitas et aevitatem dicebant ab aevo unde Varro in Parmenone: per aevitatem hominum domum telluris propere gradam.

hat Westphal in der besagten Abhandlung gerade um die wichtigsten Denkmäler des Saturnius, die epigraphischen, sich nicht gekümmert, sondern seiner Untersuchung vielmehr das grösstentheils bedenklich überlieferte litterarische Material zu Grunde gelegt; daher war es unmöglich trotz des richtigen Grundgedankens richtige und irgendwie überzeugende Resultate zu erzielen.

Für unsern jetzigen Zweck am wichtigsten sind die sehr eingehenden Untersuchungen Meyers über die mittellateinischen Rythmen, und gerade dieser Forscher erwähnt des Saturniers gar nicht.

Unser Schema des strengen saturnischen Verses wäre also folgendes:

a) ´ v ´ v | v ´ v || ´ v ´ | v ´ v
b) seltener | v v | v ´ v
c) noch seltener || ´ v | v ´ v
oder d) || ´ v v | ´ v v

Ausserdem ist Einschiebung je einer tonlosen Sylbe zwischen dem ersten und zweiten, zweiten und dritten, vierten und fünften, fünften und sechsten Ton gestattet.

Die Gesetze, nach welchen der strenge Saturnius gebaut wurde, lassen sich vielleicht so zusammenfassen:

1. Der saturnische Vers gehört zur rythmischen Dichtungsart; er besteht also aus abwechselnden betonten und unbetonten Sylben, und die Betonung richtet sich nach dem Wortaccent des gewöhnlichen Lebens; auf die Quantität der Sylben kommt nichts an.*) [Dies ist die Grundlage aller rythmischen Dichtung überhaupt; vgl. besonders Meyer S. 56 f.: „Dies Princip, dass die Wörter wie in der gewöhnlichen Rede betont und ausgesprochen werden, wodurch allein die rythmischen Verse sich den Gefühlen des Menschen zum richtigen Ausdruck so leicht anschmiegen, ist niemals aufgegeben worden."]

2. Gewöhnlich werden die Tonsylben durch Eine unbetonte Sylbe von einander getrennt, nur zwischen die zweite und dritte Tonsylbe fallen im regelmässigen Schema (a) des strengen Saturnius zwei unbetonte Sylben. Ebenso fallen bei Schema b, c, d — also in selteneren Fällen — in der zweiten Vershälfte zwischen die vierte und fünfte Tonsylbe zwei unbetonte Sylben, und endlich

*) Der bedeutendste Metriker, der über rythmische Dichtweise schrieb, Virgilius Maro, interpretiert den Halbvers Festa dies sollemnia in der Weise, dass zuerst ein Spondeus (festa), dann zwei Dactylen (díes sol und lemnia) kommen (Meyer S. 51).

schliesst bei dem selteneren Schema d auch die zweite Vershälfte selbst mit zwei tonlosen Sylben, so dass die zweite Vershälfte aus zwei Dactylen besteht. [Nach Meyer S. 46 dürfen betonte Sylben nicht zusammenstossen, sondern werden durch unbetonte getrennt, und zwar am häufigsten nur durch Eine. Dies ist (S 53) das Hauptgesetz für den rythmischen Bau. Aber auch in den mittellateinischen Rythmen finden sich zahllose Beispiele, wo zwei unbetonte Sylben aneinanderstossen. Meyer hat die meisten dieser Fälle unter den Begriff des Taktwechsels gebracht und führt z B S 121 folgendes Schema an:

/ ∪ / ∪ ∪ / ∪

Dazu passen S 56 die Halbverse

Návis númquam | turbáta ||
Núptiis quóque | paráta ||

Hier sehen wir also vollständig unser Dábuut máhum | Metélli || vor uns. Die Erscheinung, welche Meyer Taktwechsel nennt, d. h. der Übergang vom trochäischen Lauf in den jambischen, wodurch dann der Zusammenstoss zweier Kürzen, resp zweier tonlosen Sylben entstand, war auch schon bei den altlateinischen Rythmen zweckmässig, weil sie sonst gar zu einförmig und langweilig geworden wären. — Was dann die Unsitte betrifft, dass der zweite Halbvers ausnahmsweise geradezu in zwei Dactyle sich auflöst, wobei aber die Sylbenzahl und die Dreisylbigkeit des Schlusswortes eingehalten wird, so gibt Meyer S. 32 an, dass man vom sechsten bis zwölften Jahrhundert die Unsitte antreffe, Zeilen mit anderem als dem regelmässigen Schlusse einzumischen.]

3. Das Zusammenstossen betonter Sylben ist durchaus verboten; selbst die Pause macht in dieser Rücksicht keine Ausnahme. [Die Analogie aus der mittellateinischen Rythmik ist bereits zu Nr. 2 erwähnt.]

4. Jeder Vers zerfällt in zwei fast gleiche Hälften, welche durch eine Pause getrennt sind. Dieser Haupteinschnitt darf unter gar keiner Bedingung durch übergreifende Wörter, und wären es selbst Eigennamen, in Wegfall kommen, und von Synalöphe ist an dieser Stelle keine Rede. [Meyer S. 49: „Wenn eine der . . . Zeilenarten mehr als 8 Sylben zählte, so wurde sie, durch Verwandlung der Cäsur in eine förmliche Pause, in zwei kleineren Zeilen zerlegt; also bestehen die trochäischen Fünfzehnsylber stets aus 2 Zeilen zu 8 und zu 7 Sylben." Haemer S. 58: „In den Langzeilen unserer

Gedichte . . . zeigt die Cäsursylbe die Freiheiten und Eigenheiten der Endsylben; . . nie findet Worttrennung statt."]

5. In den strengsten saturnischen Versen zerfallen beide Hälften wieder je in zwei Theile, indem drei Sylben vor dem Aufhören der Vershälfte immer ein Einschnitt ist. Diese Nebenpausen müssen aber nicht so streng eingehalten werden wie die Hauptpause. Am häufigsten ist die Nebenpause in der zweiten Vershälfte vernachlässigt, und zwar besonders, wenn diese zweite Vershälfte jambisch beginnt. Falls die zweite Vershälfte aus zwei Dactylen besteht, muss die Nebenpause durchaus eingehalten werden.

6. Jede Vershälfte soll mit einem dreisylbigen Worte schliessen, welches den Ton auf der vorletzten Sylbe hat, ausgenommen Schema d, wo der Ton auf die drittletzte Sylbe fällt und der ganze Vers mit zwei aufeinanderfolgenden je einen Dactylus bildenden Wörtern abschliesst. Präposition und Nomen gelten in dieser Beziehung als Ein Wort. Einsylbige schwere Wörter (wie fas, mors u. dgl.) dürfen nicht am Halbzeilenschlusse stehen. Übrigens kommt die Setzung zweisylbiger Wörter am Schlusse der zweiten Halbzeile nicht gerade selten vor, am häufigsten findet er sich bei Schema b. Bei Schema a kommt auch (ausnahmsweise) ein viersylbiges Wort am Versschlusse vor. Absolut nothwendig ist die enge Zusammengehörigkeit derjenigen Worte nicht, welche eventuell die letzten drei Sylben im Schema a ausmachen. [Vgl. Meyer S. 173: „Es wird vermieden, drei- und mehrsylbige Wörter so in die Zeile zu stellen, dass deren beide letzte Sylben unbetont sind, also der Schluss des Wortes einen reinen Dactylus bildete." Also man schliesst ∪ ́ ∪, nicht etwa ́ ∪ ∪. S. 51: „Der trochäische Schluss der Zeile wird durch ein mindestens zweisylbiges Wort gebildet, der jambische durch ein mindestens dreisylbiges. Einsylbige schwere Wörter dürfen nicht im Zeilenschluss stehen."]

7. Jede der beiden Vershälften beginnt mit einer Tonsylbe und schliesst mit einer tonlosen Sylbe, oder es beginnt wenigstens die erste Vershälfte mit einer Tonsylbe, während die zweite, wenn sie bloss zwei Tonsylben hat, vor die erste dieser beiden Tonsylben eine unbetonte vorzuschlagen liebt (um hierdurch die nöthige Sylbenzahl zu erzielen), seltener wird in diesem Falle die erforderliche sechste tonlose Sylbe am Versende angefügt (|| ́ ∪ ∪ | ́ ∪ ∪). *)

*) Es ist also nach meinem System der Auffassung keineswegs alles gestattet, wie mir von gegnerischer Seite vorgeworfen wurde, vielmehr ist die Stellung der in den überlieferten Saturniern vorkommenden Wörter

8. Zwischen der zweiten und dritten Tonsylbe befinden sich zwei unbetonte Sylben, ebenso sind, wenn die zweite Hälfte nur zwei Tonsylben hat, zwischen der vierten und fünften Tonsylbe zwei unbetonte Sylben. Es entstehen also die Figuren (7 : 6, ausnahmsweise 7 : 5):

´ ⏑ ´ ⏑ | ⏑ ´ ⏑ ‖ ´ ⏑ | ⏑ ´ ⏑
Dabunt malum | Metélli ‖ Naévió | poétae.
´ ⏑ ´ ⏑ | ⏑ ´ ⏑ ‖ ⏑ ´ ⏑ | ⏑ ´ ⏑
Quoiei víta | defécit ‖ non hónos | honóre
´ ⏑ ´ ⏑ | ⏑ ´ ⏑ ‖ ´ ⏑ ⏑ | ´ ⏑ ⏑
Quáre lúbens | t(e) in grémiu(m) ‖ Scípio | récipit
´ ⏑ ´ ⏑ | ⏑ ´ ⏑ ‖ ´ ⏑ | ⏑ ´ ⏑
Sémol t(e) órant | ne vóta ‖ crébro | condémnes.

[Ein ganz ähnliches Verhältniss, wie es hier die Sylben zeigen, bieten auch die mittellateinischen Dichtungen. So besteht die sogenannte Prosa auf den heiligen Dionys (Meyer S. 50) aus Langzeilen von 12 + 9 Sylben mit einer Einleitung von 3 Langzeilen zu 9 + 8 Sylben. Namentlich aber war der trochäische Fünfzehnsylber in zwei Halbzeilen zu 8 u. 7 Sylben „zu allen Zeiten beliebt" (Meyer S. 79); der Schluss des ganzen Verses ist oft [illegible], selten derjenige der ersten Vershälfte. Sylbenzusatz findet sich gelegentlich in beiden Halbzeilen.]

9. Einsylbige Wörter unselbständigen Charakters wie Pronomina, Präpositionen, Conjunctionen, das Verbum substantivum, z. B. in, hic, qui, ut, est, sit, brauchen keinen Ton zu haben, ebenso auch einige zweisylbige wie mihi, tibi, sibi, meus, tuus, suus (mit Synizese = mjus, twos, swos), auch minus in qui minus, vgl. quóminus. Einsylbige schwere, bedeutungsvolle Wörter, also besonders Substantiva wie mors, fas, rex, cor müssen dagegen stets betont sein. [Vgl. Meyer S. 120. „Wenn bei Taktwechsel zwei unbetonte Sylben sich unmittelbar folgen und die zweite unbetonte Sylbe durch ein einzelnes

---

gerade so gebunden wie z. B. in einem quantitierenden dactylischen Gedichte. Stellen wir etwa in dem Musterverse Metelli und poetae anders als sie wirklich stehen, so ist der Vers ebensogut fehlerhaft, wie wenn wir in einem Hexameter des Ovid solche rücksichtslose Umstellungen vornähmen, z. B.

Metélli dábunt málum ‖ poétae Naévio

wäre durchaus falsch, ebenso Superbos fácile fécit ‖ u. s. w. Desgleichen wäre der Vers Mors perfecit etc. falsch, sobald bloss fecit gesetzt würde, oder der Anfang des Arvalgesangs, wenn nos statt enos stünde. Ebenso ist bei unserem System die Stellung consol censor aidilis durchaus nothwendig, beim Ritschlschen erscheint sie dagegen als ganz willkürlich.

Wort gebildet wird, so darf dieses nur ein Hilfswort der Sprache sein, Pronomen, Adverb, Präposition, Conjunction, Hilfszeitwort (auch fit); schwere einsylbige Wörter sind dagegen an dieser Stelle verboten.“]

10 Jedes viersylbige Wort und jedes Proparoxytonon kann doppelten Ton haben, z. B. féminís, ópsidésque. Fünf- und mehrsylbige Wörter haben unter allen Umständen zwei Töne. [Meyer S. 54: „Die letzte Sylbe aller Proparoxytona hat Nebenton und kann in der rythmischen Poesie als betonte gezählt werden.“]

11. Es darf je eine überzählige unbetonte Sylbe zwischen die erste und zweite, zweite und dritte, vierte und fünfte, fünfte und sechste Tonsylbe eingeschoben werden. Doch scheint in einem und demselben Halbverse nicht mehr als Eine überzählige Sylbe eingeschoben worden zu sein; auch durfte das Sylbenverhältnis zwischen der ersten und zweiten Vershälfte nicht so alteriert werden, dass die zweite Hälfte mehr Sylben bekommen hätte als die erste.

[Meyer S. 60: „Einige Dichter des achten und neunten Jahrhunderts gestatteten sich unregelmässige Sylbenvermehrung, indem sie eine unbetonte Sylbe der Zeile voransetzten, oder dadurch, dass im Innern der Zeile statt eines Trochäus ein Dactylus eintritt.“ Auch S. 50 S. 79 und sonst ist von diesem Zusetzen überzähliger tonloser Sylben die Rede.]

12. Bei den Eigennamen und bei vier- und mehrsylbigen Wörtern werden sehr häufig bloss die Sylben gezählt und das Gesetz beobachtet, dass vor der Pause und am Ende des ganzen Verses wenn möglich ein dreisylbiges Wort stehen soll. Ebenso ist es auch sonst bei unumgänglichem Zwang der Worte, also z. B. bei Zahlwörtern. [Vgl. Meyer S. 55: „In den jambischen Reihen zu 5, 6, 7 Trochäen und 8 Jamben ist die Betonung in allen Gedichten sehr oft verlassen: in diesen Gedichten sind in Wahrheit nur die Sylben gezählt, d. h. unter Beobachtung des gesetzmässigen Schlusses je 5, 6, 7, 8 Sylben in die Zeile gestellt.“ S. 59: „Die Schlechteren sind wie Augustin, der unter Beobachtung des richtigen Schlusses in jede Zeile die richtige Zahl Sylben zu setzen sich begnügt, aber um den Tonfall sich nicht kümmert.“]

13. Der Hiatus ist bis gegen das Ende des dritten Jahrhunderts v. Chr., also bis zum zweiten punischen Krieg, auch im strengen Saturnius an allen Versstellen gestattet, hingegen im strengen Saturnius des zweiten Jahrhunderts innerhalb der Halbzeilen verboten und nur noch zwischen den Halbzeilen erlaubt. Innerhalb der Zeilen

wird er entweder durch Synalöphe oder durch Stellung und Wahl der Wörter an sich vermieden, letzteres finden wir in der vierten Scipionengrabschrift. [Vgl. Meyer S. 63 f. „Die Untersuchung vieler Gedichte hat mich gelehrt, dass die lateinischen rythmischen Dichter aller Zeiten (vom Saturnius ist aber hier natürlich keine Rede) sich bewusst waren, der Hiatus sei unschön, und dass sie, je nachdem ihnen mehr oder weniger an der Form ihrer Gedichte gelegen war, denselben mehr oder weniger vermieden haben . . Zwischen den Halbzeilen, aus denen die Langzeilen der Trimeter, der trochäischen Fünfzehnsylber u. s. w. bestehen, haben sich manche Dichter Hiatus erlaubt, wenn sie ihn auch sonst mieden." Auch Huemer bemerkt S. 58, dass bei der Cäsur der Hiatus gestattet sei.] Von den altrömischen Gedichten mit quantitierendem Metrum und zugleich mit Rücksicht auf den Wortaccent vgl. oben Seite 11:

Vendit(a) amoéna | íster mérbum gárrula.

14. Von der Synizese ist viel Gebrauch gemacht, was sowohl mit Plautus als mit den vulgär-poetischen Lokalinschriften republikanischer Zeit stimmt, welche wir oben citiert haben (cavĕa, aiunt). Vgl. ferner C. I. L. I Nr. 38 (späteres Scipionenepitaphium in elegischem Versmasse):

Virtutés generís meis (= mjeis, mjis) móribus áccumulávi.

C. I. L. I 542:

Vívam animó sive pérfecit, sive páce regians te

C. I. L. I 1297:

Pictúrama qué (= qui) fecit populó suueis (= suis, svis)
gaúdia mágna.

Bücheler anthol. epigr. I Nr. 8 (S. 6):

Urbánus praétor Vóldumniánus (= Voldumnjanus) Júnnia.

Bücheler anthol. epigr. I Nr. 10 (S. 7):

Marcús Caecílius (Caecilius) Dónatiánus (= Donatjanus) militans.

[Eine Masse Beispiele für Synizese bei den spätlateinischen Rythmikern zählt Huemer S. 33 f. auf. Auch Havet nimmt für seine Saturnier sehr starke Synizesen an, S. 98.]

15. Jeder Vers, mindestens jedes Paar aufeinanderfolgender Verse, enthält einen zusammenhängenden Satz oder doch wenigstens einen an und für sich verständlichen, in sich geschlossenen Satzteil. Sogar schon bei den einzelnen Vershälften wird auf eine gewisse Zusammengehörigkeit der Worte häufig in augenscheinlicher Weise Bedacht genommen. [Das Gleiche zeigt sich in der rythmischen

Volkspoesie der Sprichwörter in den romanischen Sprachen. Mein verehrter College Cornu macht mich darauf aufmerksam, dass überhaupt diese Sprüche, mit welchen er sich speciell beschäftigt hat, die auffallendste Übereinstimmung mit den in dieser Abhandlung besprochenen Erscheinungen aus der antiken lateinischen Rythmik zeigen. Er glaubt, dass sehr viele dieser Sprüche sowohl Tonfall als Inhalt seit Urzeiten bewahrt haben, und er findet speciell meine Scandierung des Spruches Terra pestem teneto etc. durchaus richtig und weist ähnlich gebaute romanische Sprüche aus unseren Tagen nach.]

16) Allitteration und Reimarten (Reim, Assonanz, Refrain) kommen vor; doch gehören beide Momente nicht zu den Merkmalen des Saturniers der Blütenperiode. Relativ die meisten Allitterationen zeigt die späte Dedication von Sora (ums J. 150). [Eine Masse Beispiele der Allitteration in der mittellateinischen rythmischen Poesie hat Huemer S. 52—54 zusammengestellt. Halb lateinische halb romanische förmliche Reimverse des siebenten Jahrhunderts n. Chr. citiert Schuchardt, Vokalismus des Vulgärlateins I S. 64; vgl. Gregorovius, Geschichte der Stadt Rom I S. 373 f.]

Da von diesen letztgenannten zwei Merkmalen im Vorhergehenden noch nicht die Rede war, so ist es nothwendig sie hier ausführlich zu erörtern, und zwar will ich mich hiebei nicht auf den strengen Saturnius beschränken, sondern, um ein Zurückgreifen auf das Capitel abzuschneiden, sogleich auch die älteste Periode des Saturnius und wenigstens für den Reim auch spätere volksthümlich-antike Gedichte beiziehen.

Von den ältesten saturnischen Inschriften zeigt gleich die Duenos-inschrift offenbare Neigung für Allitteration:

|| qói med mítat
|| med féced en mánom
|| med máno státod

Die Atiliusinschrift bietet

complóirumae || coséntiont
und *Pópuli primário* ||

Eine rituelle Vorschrift bei Servius:

Dá quod débes | de mánu || déxt[e]ra áram

Eine gleiche am Thore von Anagnia:

súme | saméntum ||

Der Vers beim Versuchen des Wetamonts:

Nóvum vetus ‖ vínum bíbo ‖ nóvo véteri ‖ mórbo médeor.

Angebliche Verse des Marcius:

! ᵥ quámvis | novéndinum ‖ dvónum négumáte (Festus S. 106 M)

Postrémus dícas ‖ prímus táceas

Ebenso zeigen von den drei Sprüchen des Appius Claudius Caecus bei Havet S. 434 zwei Allitterationen: fraude — ferocia und faber — fortunae.

In dem oft erwähnten Lustrationsspruch bei Cato de agricult. 141: viduertatem vastitudinemque . . . fruges frumenta . . . vineta virgultaque . . . pastores pecuaque salva servassis . . . duis duonam (bonam codd.) salutem

Das Arvallied zeigt so viel wie nichts von Allitteration:

Semúnis altérnei ‖ advocápit cúnctos.

Ausser Zweifel aber ist sie im saliarischen Gesange:

Divum émpta cánte dívum deo supplicáte (?)

Cúme (quae ?) tónas Leucétie ‖ prae *tet* tremont (?)

Hieher gehört auch das angebliche Gebet der Hersilia an die Neria Martis (aus dem Annalisten Cn. Gellius bei A. Gellius XIII 23, 13)

uti liceat nuptiis *propitiis* et *prosperis* uti, quod de tui coniugis consilio contigit, uti nos itidem integras raperent, unde liberos sibi et suis, posteros patriae pararent, de tui coniugis consilio

Auch der Orakelspruch des Marcius, den Livius XXV 12 und Macrobius sat. I 17, 28 f. erhalten haben, zeigt in diesen beiden Versionen, von denen natürlich keine die alten Wort- und Versformen bewahrt hat, noch viele Allitterationen: vomicam — venit — vovendos; qui quotannis comitier; populus — ex publico partem; privati — pro se atque suis, praeerit praetor, populo plebique; dabit — decemviri; faciant — faciatis; perduellis — pascunt placide.

Ein zweites Orakel bei Liv. V 16, 8 ff. aus dem Jahre 397 v. Chr., gewiss einst in älteren Saturniern abgefasst, bietet in der livianischen Version noch folgende Allitterationen: aquam Albanam; cave — contineri, cave, in mare manare; suo flumine sinas; rigabis — rivis; datam, duello — donum; perfecto — portato; quorum — cura (Havet S. 416)

Die oskische Weihinschrift von Bovianum (in italischen Saturnius abgetheilt) enthält nach Büchelers (Rh. Mus. XXX 441 ff.) und Jordan (kritische Beiträge 185) die 6 Allitterationen (in 6 Halbversen).

Safinnas—sacupam, p[r]ain—postin, brigas—[l]oufreconos, und zwar steht in jeder Halbzeile je eines dieser allitterirenden Wörter.

Noch reicher an Allitterationen ist das saturnische Gebet auf der Inschrift von Corfinium (Bücheler Rh. Mus. XXXIII 271 ff.). Nach Jordan krit. Beiträge S. 186 hätten wir folgende Allitterationen in 12 Halbversen:

pristafalacirix—prismu petiedu, eite—empratois, sacaracirix—semunu—sua, firata—fertlid, praicime—perseponas, pritrome—pacris—puus, lexe—lifar, dida—deti, hanustu Herentas. Ausserdem stossen, falls man die Verse anders abtheilt, die Worte uidad und uibdu und empratois und clisuist aneinander. Hier scheint also fast jedes Wort zu allitteriren.

Auch die iguvinischen Gebete zeigen Allitterationen, z. B.

tursitu tremitu, sonitu savitu
ninctu nepitu, hondu holtu.

Diese Beispiele, welche Jordan a. a. O. S. 185 aufzählt, lassen sich noch ziemlich vermehren, s. Grotefend in Paulys R.E. u. d. W. Iguvium S. 100, wie sich überhaupt noch andere italische Beispiele beibringen lassen; ich erwähne noch die von Fröhner im Philologus XIII 207 besprochene altsaturnische Inschrift: Vesune dunom deded | cumnios cetur.

Aus der Periode des strengen Saturnius erwähne ich folgende Beispiele:

Scipionenelogium Nr. 30: patre prognatus
Nr. 33: longa licuiset; facile facteis; Publi prognatum Publio.
Nr. 34: magna—multasque; parva posidet; honos honore; victus est virtute; quairatis—quei minus.

Dedication von Sora: aspere afleicta, vovit voto, leibereis lubentes, donu danunt; maxsume mereto; semol—se, crebro condemnes.

I. R. N. 3539: || nolo ne nocere.

Livius Andronicus*) Virum—versutum.
Matrem (meam) procitum plurima.

---

*) Ich will mich hauptsächlich des Livius und Naevius auf die oben mitgetheilten Verse und Verstheile beschränken, da sie an sich schon genug beweisen. Wer noch mehr Belege haben will, kann auch die zweifelhaften überlieferten Saturnier und Saturnierfragmente bei Havet S. 436 ff. betrachten.

Quae haec daps est, qui festus dies
prae pavore
parcentes praemodum
Deque manibus dextrabus
palla purpurea
Simul dacrumas de ore *)
Neque tamen te oblitus
Sancte puer Saturni

Naevius. sectam sequuntur.
Magnam domum decoremque
fortuna fecerat.
Redeunt referunt
prognatus Poenus
susum—sustulit suas
prognatum—ponuntur
avem aspexit
adveniens auspicat auspicium
volui victoriam
acer augescit.
onerariae onustae
ambae abeuntes
lucenti Lucam
Magni metus tumultus pectora possidet.
Patrem suum supremum
Scopas atque verbenas sagmina sumpserunt
Simul alius aliunde
Summas opes qui regum regias refregit

Spruch: Terra pestem teneto

Triumphalvers aus der Inschrift Glabrio's
Fundit fugat.

Triumphalvers aus der Inschrift des Regillus:
Duello magno dirimendo

Ausserdem entdeckt man trotz der schlechten Überlieferung dieser letzteren Triumphinschrift noch folgende Alliterationen (s. Havet S. 131): inspectante ipso; exercitus eius, equitatus elephantique; ea pugna pugnata rex Antiochus regnumque, patrandae pacis haec pugna. Ähnlich in der Triumphalinschrift des Gracchus vom

*) Falls meine Conjectur dacrumas für er lumnas gebilligt wird.

J. 174 v. Chr (Havet S. 422): Sardiniam subegit; plenissimum praeda Romam redit; dedit donum.

Während wir hier in beiden Perioden des saturnischen Rythmus eine unleugbare Vorliebe für Ausschmückung der Lieder durch Allitteration gefunden haben, so ergiebt sich uns keineswegs das gleiche Resultat hinsichtlich der Neigung zum Reime, sofern wir nemlich hiefür weit weniger Spuren wahrnehmen.

Der Reim findet sich ganz deutlich in den Besprechungsformeln:

1 Húat húat húat || ista pista sista
2 Térra pestem | tenéto || sálus hic | manéto.
3. in dem Wiegenlied
Lálla lálla lálla.
4 im Salierlied bei Varro (de lingua Lat. VII 26 Müll)
Divum émpta cánte | divum déo supplicánte.

Man corrigiert hier gewöhnlich supplicate, aber auch dann bleibt noch die richtige Assonanz

5. im Arvallied, indem dieses mit dem fünfmal gesetzten Refrain triúmpe abschliesst:

Triumpe triúmpe | triúmpe || triúmpe | triúmpe.
/ . / . / . || / . /

6 im Abschluss des vierten Scipionenepitaphiums, wo die beiden letzten Verse mit mandátus endigen *)

7. in dem Verse des Livius Andronicus:
Argénteo | polúbro || aúreo | et glútro (Assonanz)
8. in den Versen des Nävius:
Rédeunt referunt | petunt ||
Nóvem Jovis | concórdes || filiae | soróres (Assonanz).
Rhoéporos | Gigántes || magníque | Atlántes
9 In der Triumphinschrift des Regillus vom J. 179 v. Chr. stand:
Victa fúsa | contúsa ||

Auch die Triumphgesänge der Soldaten und die Pasquille des Volks während der cäsarischen und Kaiserzeit verrathen eine Neigung zum Reime

1 Ecce Caesar nunc *triumphat* || *qui* subégit Gallias
Nicomedes non *triúmphat* || *qui* subégit Caesarem.
2 *Sálva* Roma *sálva* patria ||

---

*) Lachmann wollte statt des zweiten mandatus mortuus schreiben, was aber bei keinem der vielen Herausgeber und Erklärer der Inschrift Billigung gefunden hat.

3. *Mille mille mille mille* || *mille decollavimus*
Unus homo mille mille || *mille decollávimus*
Mille mille mille mille ||
Tántum vini nemo habet || *quántum fudit sanguinis*
4. *Mille Sarmatas mille Francos* || *semel et semel occidimus*
Mille mille mille mille || *mille Persas quaerimus.*
5. Brutus quia reges eicit || consul primus *factus est*
Hic quia consules *eicit* || rex postremo *factus est.*

Auf einem oben erwähnten Grabsteine stand:

Vir beatus dis amicis literis.

Manches, was man sonst zum Reime zählt, habe ich mit Absicht übergangen: denn wir müssen hier von den romanischen Dichtungsgesetzen ausgehen, und nach diesen ist nur da ein Reim anzuerkennen, wo die Tonsylben reimen. Es können also in dem zuletzt erwähnten Beispiele zwar dis und literis als reimend betrachtet werden, nicht aber dis und amicis oder amicis und literis. Damit fallen viele Beispiele weg, welche z. B. Huemer für den Reim in den altsaturnischen Gedichten aufgezählt hat.

Wenn man in Duello magno dirimendo einen Reim, einen absichtlichen Schmuck sieht, so würde schliesslich die gewöhnlichste lateinische Prosa im Überfluss den zweifelhaften Schmuck des Reimes besitzen. Selbst dédit und fécid in der Plautiusinschrift kann nicht wohl als Reim gerechnet werden, weil das kurze e von dedit auch qualitativ von dem langen e in fecid verschieden gewesen zu sein scheint.*)

—

Von dem in den obigen sechzehn Regeln entwickelten rythmischen Systeme des strengen, man könnte sagen classischen, Saturnius ist nun aber der ältere rohere saturnische Rythmus erheblich verschieden. Ich denke, wir können alle ausser dem Rahmen des strengsaturnischen Rythmus fallenden Saturnier als ältere und rohere bezeichnen; denn, wenn auch noch während der Blütezeit des strengen Saturnius und vielleicht sogar noch nach seinem Aussterben die Sacralpoesie und Spruchweisheit des Volkes sich des roheren Schemas bediente, so entstammt diese doch jedenfalls einer früheren Culturstufe des römischen, oder vielleicht richtiger gesagt des italischen Volkes und trägt deren roheren Stempel an sich. In diesen Versen nun kommt das schöne strenge Schema mit seinem charakteristischen

*) Ich verdanke diese Bemerkung Herrn Professor Dr. Cornu.

sogenannten Taktwechsel bei málum Metélli (/ ∪ | ∪ / ∪ |) nur ganz ausnahmsweise, also sicher unbeabsichtigt und rein zufällig, zur Anwendung. Der Dichter liebt es vielmehr sich innerhalb des weiten Rahmens allgemeiner rythmischer Gesetze für jeden Specialfall ein besonderes Schema zu wählen, und man müsste, um die vorliegenden praktischen Fälle zu erschöpfen, eine ganze Menge Schemen aufstellen, die dann doch wieder für die nächste neu zu entdeckende Inschrift nicht ausreichen könnten *). Wir können demnach in vernünftiger Weise nichts anderes thun als eben diejenigen allgemeinen Normen angeben, welche jeder Versmacher eingehalten hat und einhalten musste, wenn er überhaupt noch als altlateinischer rythmischer Versmacher gelten wollte.

An jeder Stelle, wo das regulärste Schema eine einfache tonlose Sylbe zeigt, kann noch eine zweite tonlose Sylbe zugefügt werden; ferner darf jede Vershälfte, auch die erste, mit einer tonlosen Sylbe beginnen. Die Zeile zerfällt in zwei ungefähr gleiche Hälften, die einen Umfang von 4—8 Sylben mit 2—4 Tönen haben, gewöhnlich sind es 5—7 Sylben mit 2—3 Tönen. Wenn die Halbzeilen nicht ganz gleich gross sind, beträgt die Differenz zwischen beiden 1—2 Sylben, und zwar ist in der Regel die erste Halbzeile die längere. Bisweilen ist genaue Responsion der Zeilen oder Halbzeilen hinsichtlich des Rythmus oder der Sylbenzahl bemerklich, und zwar kommt auch chiastische Form solcher Responsion vor.

Das Verbot der Pausenverletzung, des Zusammenstosses zweier Tonsylben und der Setzung betonter Sylben an den Halbzeilenschluss ist beibehalten; auch wird darauf geachtet, dass die einzelnen Verse oder Verspaare einen zusammengehörigen Satz bilden. Hiatus ist in allen Gedichten dieser Art gestattet. Von der Synizese wird bisweilen Gebrauch gemacht. Alliteration und Reimanfänge sind beliebt.

Es sind also von den obigen Normen des strengen Saturniers die Nummern 1. 3. 4. 6 b). 9. 10. 11 a). 12. 14. 15 und 16 ff. auch beim roheren Saturnius noch in Giltigkeit, während Nr. 2. 5. 6 a). 7. 8. 11 b). 13 missachtet werden.

---

*) Wer hieraus wieder eine Waffe gegen die Richtigkeit meines Princips schmieden möchte, den bitte ich zu beachten, welch grosse Mannigfaltigkeit der Formen z. B. die romanische und die mittellateinische Rythmik darbieten, namentlich wenn man in erster Linie dabei die Volksdichtung im Auge hat.

Das Schema würde so lauten:

/ ∪ (∪) / ∪ (∪) / ∪ (∪) ‖ ‖ ∪ ∪ (∪) / ∪
∪ . ∪ (∪) / ∪ (∪) ‖ ‖ / ∪ (∪) . ∪ (∪)
/ ∪ (∪) / ∪ (∪) ‖ ‖ / ∪ (∪) . ∪ (∪) / ∪

Es ist vielleicht deutlicher, wenn wir die Stellen, wo 1—2 unbetonte Sylben stehen können, mit einem Punkte bezeichnen:

/ / . / ‖ / . / . /
. / . / . ‖ . / . / .

Seltener sind die verkürzten und verlängerten Formen:

/ / ‖ / . / .
/ . / . ‖ / . / . ‖‖ / / ‖ / . / .
/ . / . / . ‖ / . / / . ‖ / / . / .

Versuchen wir nun nach diesen Schemen zuerst die drei wahrscheinlich ältesten altlateinischen epigraphischen Denkmäler des lateinischen Saturnius zu scandieren: die Duenosinschrift, die Pluriusinschrift und das älteste Epitaphium der Scipionen.

1. Die Duenosinschrift.

Gefunden auf stadtrömischem Boden ist sie für die älteste sämmtlicher bis jetzt entdeckten lateinischen Urkunden erklärt worden (Bücheler im Rh. Mus. 1881 S. 235)

Iove Sat(urno) *) deivos | qoi med mitat
Nei ted endo cosmis ‖ virco sied asted [Worttheil fraglich]
Noisi Ope Toitesiai **) ‖ pacari vois
‖ med feced en manom
Einom die ***) noine **) ‖ med mano statod

*) Das a in Sat ist vom Verfertiger der Inschrift selbst aus e corrigiert. Bücheler stellt daher die Form Saturno her. Ich habe Saturne gelassen, um möglichst jede Conjectur und Emendation des epigraphischen Textes zu vermeiden.

**) Falls wir Toitesiai mit Synizese und noine (wie vois) mit Diärese lesen, so erhalten wir für die beiden Halbverse 3 und 9 die ganz reguläre Figur: / ∪ ∪ | ∪ / ∪ ‖
/ ∪ / ∪ | ∪ / ∪ |

***) Bücheler im Rh. Mus. a. a. O. S. 237 gibt an, das zwischen d und e eingeschaltete Zeichen sei ein I mit Seitenhäkchen √ Dressel und Bücheler deuten diese als z, allein da im archaischen Latein so wenig als im classischen ein dzes — dies oder etwas ganz analoges vorgefunden wird, und da die fragliche Buchstabenform mir noch mehr mit der im Umbrischen ganz gewöhnlichen dreistrichigen Form des Iota zu stimmen scheint, als mit dem

Der in der obigen Lücke eigentlich stehende Eigenname Dvenos ist, nach Büchelers unzweifelhaft richtiger Vermuthung, an die Stelle eines Doppelnamens getreten, welcher ursprünglich vom Dichter dieser rythmischen Inschrift an jener Stelle eingefügt war. Dvenos hat ein altes Original copiert und statt des fremden Doppelnamens seinen eigenen gegen den Rythmus verstossenden Namen Dvenos (= späteres Bonus) eingesetzt. Der Sinn mag sein (s. Bücheler und Osthoff im Rh. Mus. XXXVI *):

„Wer mich (den Topf) zu den Göttern Juppiter und Saturn schicken wird ... [nun folgt der noch nicht genügend aufgeklärte zweite Vers] ... wofern man nicht etwa der Ops Toitesia ein Bittopfer dargebracht wissen will. Dvenos hat mich gemacht für einen Seligen, und so sollst du denn am neunten Tage nach dem Seligen hinstellen."

Die Rythmen laufen klar und einfach:

1. / ∪ / . ‖ / . / .
[2. / . / . ∪ . ‖ / . ' . / . ∪]
3. / ∪ . ∪ . ‖ . / . ∪ .
4. ‖ / / .
5. ∪ ∪ . ∪ . ∪ . / . / .

---

andere Winkel neigenden a, so sehe ich mich ausser Stande die bisherige Aufstellung der allerdings höchst interessanten, aber gewiss auch ziemlich bedenklichen Wortform dve in diesem Denkmal zu unterschreiben. Auch in graphischer Beziehung wundert man sich, warum überhaupt dve geschrieben würde, da dann doch das d völlig überflüssig wäre.

*) Aus Jordan, vindiciae sermonis latini antiquissimi, Regim. 1882 habe ich nichts Neues von Werth für die uns hier interessierenden Fragen entnehmen können, völlig misslungen scheint mir die Auffassung von Michael Ring, altlateinische Studien, Pressburg und Leipzig 1882. In allerjüngster Zeit hat sich noch Karl Sittl, die lokalen Verschiedenheiten der lateinischen Sprache mit besonderer Berücksichtigung des afrikanischen Lateins, Erlangen 1882 S. 34 f. über die Dvenosinschrift ausgesprochen. Er sagt „Die Assibilation von di zu [illegible] in [illegible] gehört ... der oskischen Mundart an, die sehr oft di zu z oder s assibiliert." Dies ist gewiss nichts neues, aber dass jemals dz geschrieben würde, hat auch Sittl so wenig als sonst jemand beweisen können. Sittl glaubt, die Inschrift stamme nicht aus Rom, sondern aus dem Nordwesten oder Westen von Kampanien und Samnium, etwa aus dem Auruncergebiet; doch ist das nur Hypothese, denn wir wissen von der auruncischen Sprache nichts bestimmtes, was mit der Dvenosinschrift harmonierte. Das dreistrichige I wird man auch in jenen paar Inschriften erkennen müssen, welche nach Corssen, Vokalismus I² S. 215 ff. Blass, Aussprache des Griechischen² S. 102 und anderen Gelehrten z = i bieten sollen. [illegible], [illegible]

Die Sylbenzahl ist, wenn wir mit Recht quoi zweisylbig und Tonitrum und noine dreisylbig lesen: Vorderhalbzeile 6–7, Hinterhalbzeile 5–6 Sylben.

II. Die Plautiosinschrift der Ficoronischen Cista.

C. I. L. I 54:

Díndia Macólnia || fíleai dédit
Nóvios Plautios || med Római fécid

Wir haben zwei richtige rohere Saturnier mit Pause. Im ersten Verse ist die erste Hälfte siebensylbig, die zweite fünfsylbig, im zweiten Verse die erste Hälfte sechssylbig, die zweite fünfsylbig. Die Inschrift ist wegen der in med liegenden Einführung des Gefässes als einer sprechenden Person gewiss ebenso gut als poetisch aufzufassen wie die vorhergehende, mit welcher sie manches gemein hat. Bis jetzt ist die Inschrift trotz der höchst auffallenden Personification nicht als poetisch erkannt worden.*) Das hohe Alter der Verse geht schon aus dem c für g in Macolnia und aus den Endungen os, id und ai hervor.

Das Schema ist:

´ . / . || / . ´ .   7 + 5
´ . / . || .   . / .   6 + 5

III. Grabschrift des L. Scipio, Sohnes des Barbatus.

C. I. L. I 32:

Honc oíno ploirume || cosentiont Romai
Duonóro óptumo | fuíse viro
Lúciom Scipióne | filiós | Barbáti
Cónsol cénsor | aidílis || hic fuet a'púd vos
Hec cépit Córsica || Alériaque úrbe
Dedet Témpestátebus '| aide mereto lubens oder vóta

Nicht ganz sicher ist die rythmische Auffassung der Worte hic fuet apud vos, welche Nr 30, 4 mit einer kleinen Variation wiederkehren: quei fuit apud vos. Ich glaube apud vos gilt als Ein Wort wie intérea, postríquam und hat den Ton somit auf der vorletzten Sylbe: apúdvos. dann ergibt sich von selbst der jambische Anfang hic fúet, also zusammen: hic fúet ' apúd vos.

---

*) Denn vom Buchholtz, der alle alten Gesetze, Grabsteine etc als Saturnier mass, darf ich wohl schweigen. Er bietet allerdings nicht bloss eine, sondern zwei, beziehungsweise vier „saturnische" Messungen dieser Inschrift (Seite 213)

Ebenso kann man einen Augenblick schwanken, ob nicht plúrume, óptumó, Córsicá zu accentuieren sei; allein man würde dann an den Schluss der ersten Halbzeile eine betonte Sylbe bekommen, was mit allen übrigen zu ermittelnden Beispielen im Widerspruch stünde; zweitens würde dann das einzige Wort Tempestatebus mit drei Accenten bedacht werden müssen, was gleichfalls wieder ein Unding wäre, auch würden wir dann V. 6a vier Tonsylben in Einer Halbzeile haben, was gleichfalls ohne Analogie dastünde. Also muss wohl die Tonlosigkeit der Endsylben in plurume, optumo, Corsica und Tempestatebus festgehalten werden.

Schema:

1 v / v | / v v ‖ v / (v) v | / v
2. v / v | / v v ‖ v / v | / v
3. / v / | v v / v ‖ / v / | v / v
4 / v / v | v / v / v / v | v / v
5 v / v | / v v ‖ v / v / v | / v
6. / v / v / v v ‖ / v / v v / v

Sylbenzahl:

1 (jambisch) 6 + 5 (wofern bei consonant Synizese angenommen wird)
2 (jambisch) 6 + 5
3 (trochäisch) 7 + 6
4 (trochäisch-jambisch) 7 + 6
5 (jambisch) 6 + 7
6 (trochäisch) 7 + 6 (mindestens 6, vielleicht 7).

Man sieht, dass ein gewisses Zahlenverhältniss und ein gewisser Tonfall eingehalten ist, dass jede jambische Vorderzeile sechs, jede trochäische sieben Sylben begreift, dass jeder Vers, der jambisch anfängt, auch in seiner zweiten Halbzeile jambisch weiter geht. Die Pause ist streng beobachtet, willkürlicher Sylbenzusatz oder Weglassung von Sylben ist in den vorderen Halbzeilen durchaus vermieden. Jeder erste Halbvers schliesst mit einem mindestens dreisylbigen Worte, wofern das Wort ein Appellativum ist, nur bei Eigennamen (Scipio, Tempestas) tritt ein mehrsylbiges Wort ein. Die zweiten Halbverse dagegen schliessen entweder mit einem dreisylbigen oder auch mit einem zweisylbigen Worte. Kein Halbvers schliesst einsylbig. Der Schlussrythmus der vorderen Halbzeilen ist v / v v oder v v / v, der der hinteren Halbzeilen stets v / v.

Der Normalrythmus der ganzen vordern Halbzeile ist entweder der jambisch-pyrrichische oder der trochäisch-amphibrachische.

v / v | / v v /

oder / v / v | v / v

Zwang der Eigennamen kann aber Vernachlässigung des Tonfalls und der Nebenpause herbeiführen; die Sylbenzahl selbst und der Rythmus im Anfang des Verses bleiben intact.

Der Lauf der zweiten Halbzeilen ist freier. In einigen Versen ist er normal:

/ v / | v / v

oder v / v | v / v

in andern um eine Sylbe verkürzt: v / v / v

oder verlängert: / v / v v / v.

Die Nebenpause vor der drittletzten Sylbe wird nur ausnahmsweise eingehalten. Streng beobachtet wird der Abschluss der hinteren Halbzeile, welcher nie anders als v / v, niemals etwa / v v oder gar / v / lautet.

Im ganzen finden wir somit die oben aufgestellten Principien des roheren Saturnius, theilweise sogar die des strengen, beobachtet. Mit dem strengen Schema stimmen

| filiós | Barbáti

Cónsol cénsor | aidílis | híc fúet | apúd vos

und, falls wir keine Synizese annehmen, auch

consentiont Római

Durch Zwang der Eigennamen sind auch für die strenge Saturniusperiode entschuldigt die Halbverse.

Lúcióm | Scípióne

| Alériaque úrbe

Dédet Témpestátebus

Die übrigen 5 Halbverse stimmen jedoch auf keine Weise mit dem Schema des strengen Saturnius überein.

Die Dvenos- und Plautusinschriften und ebenso das älteste Scipionenelogium dürften noch tief in das dritte Jahrhundert v. Chr. fallen, in die gleiche Zeit ist auch das Epitaphium des A. Atilius Calatinus *) zu verlegen. Sein genau archaischer Wortlaut ist uns leider nicht überliefert; es wird aber zweimal (de fin. II 35, 116. Cat. mai. 17, 61) von Cicero folgendermassen citiert:

*) Nach andern Caiatinus.

Uno *) cum plurimae consentiunt gentes
Populi primarium fuisse virum.

Dass dies nur eine Variation der ersten zwei Zeilen des ältesten Scipionenepitaphiums ist, liegt auf der Hand. Welches von beiden die ältere Dichtung sei, bleibt fraglich. Calatinus war Zeitgenosse des L. Scipio, des Sohnes des Barbatus, welchen jenes Epitaphium betrifft; L. Scipio war im J. 259 Consul, 258 Censor; Atilius war im J. 258 erstmals Consul, 254 zum zweitenmal, 249 Dictator.

Vielleicht ist die Grabschrift des Atilius so herzustellen:

Oíno hóne complúrumei ∥ conséntiont géntes
Pópuli primário ∥ fuíse viro.

Rythmus: / . / . / . ∥ . / . / .
/ . / . / . ∥ . / . / .

Weiter gehört zum roheren und älteren Saturnius das sicherlich uralte römische Wiegenlied beim Scholiasten zu Persius 3, 16.

Lálla lálla lálla ∥ aut dórmi aut lácte
/ . / . / . ∥ . / . / .

Auch hier hat man das metrische Schema Dabúnt malúm Metélli ∥ Naévió poétae wiederfinden wollen!

Eine uralte Bauernregel, „antiquum carmen" (Fest. S. 93. Macrob. sat. V 20, 18):

Hibérno púlvere ∥ vérno lúto
Grándia fárra ∥ camílle métes.
. / . . . ∥ / . / . 6 + 4
/ . / . ∥ . / . / . 5 + 5.

Aus der Bezeichnung des Rythmus ersieht man deutlich die hübsche chiastische Responsion des Tonfalls: zwischen a und d, b und c. Der bloss poetische Plural farra ist nicht wegen des hochpoetischen Schwunges dieser Bauernregel gesetzt, sondern weil vor der Pause eine unbetonte Sylbe stehen muss. Der Spruch kann übrigens auch als viergliedrig und Eine Zeile bildend angesetzt werden:

. / . | / . . . ∥∥ / . / . | . / . / .

Ein uralter Vers, welcher der guten Vorbedeutung halber aus-

*) uno cum plurimae haben die Hss. bei Cic. de fin., unum plurimae die im Cato maior.

gesprochen wurde, wenn man zum erstenmal den Weinmost versuchte*) (Havet S 241 Jordan krit. Beiträge S 182):

Nóvum vétus || vínum bíbo ||| nóvo véteri || mórbo médeor
(4 + 4, 5 + 5)
/ . / . ‖ / . / . ||| / . / . ‖ / . / .

Ähnlich wie obiges:

Hibérno púlvere || vérno lúto ||| grándia fárra || camílle métes.

Ein Vers des Marcius bei Isidor (orig. VI 8, 12) Apud Latinos Marcius vates primus praecepta composuit. Ex quibus est illud:

Postrémus dícas || prímus táceas
. / . / . ‖ / . /

Besprechungsformeln bei Cato de agricultura c. 160, welche aber leider meistens nicht ganz im Detail kritisch sicher stehen. Eine scheint klar zu sein.

Húat háut háut ||| ísta písta sísta || dammábo dánnaustra.

Ista pista sista = istam pestem sistam, dammabo dannaustra = domabo damna vostra.

Rythmus vielleicht:
/ . / . / . ‖ / / . / . ‖ / / . / .

Festus p 285 M: Retiario pugnanti adversus murmillonem cantatur

Non te peto, piscem peto: quid me fugis, Galle?

Diese wird zu lesen sein.

Nón te péto || píscem péto ||| quíd me fúgis || Gálle?

Rythmus:
/ . / . ‖ / . / . ||| / . / . ‖ / .

Rituelle Vorschrift bei Servius zur Aeneis VIII 105, hart an den eleganten Rythmus streifend, jedoch ohne dreisylbiges Schlusswort in der zweiten Hälfte und mit Hiatus:

Dá quod débes | de mánu || déxtra áris

---

*) Festi epitome p. 123 M.: „Meditrinalia dicta hac de causa; mos erat Latinis populis, quo die quis primum gustaret mustum, dicere ominis gratia: Vetus novum vinum bibo, veteri novo morbo medeor. A quibus verbis etiam Meditrinae deae nomen conceptum, eiusque sacra Meditrinalia dicta sunt.“ Varro de lingua lat. VI 21 Müll.: „Octobri mense Meditrinalia dies, dictus a medendo, quod Flaccus flamen Martialis dicebat hoc die solitum vinum novum et vetus libari et degustari medicamenti causa. Quod facere solent etiam nunc multi quom dicunt: Novum vetus vinum bibo, novo veteri vino morbo medeor.“

Die epigraphischen Denkmäler der zweiten Periode, des strengen saturnischen Rythmus, sind folgendermassen zu scandieren:

C. I. L. I 30:

Cornélius | Lúcius || Scípió | Barbátus
Gnaívod pátre | prognátus || fórtis vír | sapiénsque
Quóius fórma | virtútei || parísuma fúit
Cónsol cénsor | aidílis | quei fúit | apúd vos
Taurásia | Cisaúna || Sámnio cépit
Súbigit ómne | Loucánam || ópsidésque | abdoúcit.

Diese Inschrift ist bekanntlich jünger als Nr. 32, obgleich sie den Vater, Nr 32 den Sohn, betrifft, sie dürfte in die Zeit des zweiten punischen Krieges oder kurz vorher fallen.

V. 1 erklärt sich die Umstellung Cornelius Lucius aus dem Bedürfnis der Nebenpause vor der drittletzten Sylbe der ersten Halbzeile.

V. 2 kann bei sapiensque Synizese angenommen werden, doch ist es durchaus nicht nothwendig.

V. 4: über apúd vos ist zum ersten Scipionenepitaphium gehandelt worden.

V. 5. Auch die beiden Namen Taurasia Cisauna sind mit Rücksicht auf die Nebenpause so gestellt, wie sie es sind.

V. 6: bei opsidesque kann Synalöphe angenommen werden, wer aber wegen des bei Livius und Nävius auf der Hand liegenden Hiatus auch hier lieber Hiatus annimmt, kann sich namentlich auch darauf berufen, dass die saturnischen Inschriften wiederholt eine Neigung zu Sylbenmehrung gerade in der letzten Zeile zeigen, vgl. die älteste und die vierte Scipioneninschrift und in unserer Inschrift selbst die erste Halbzeile des letzten Verses. Ziemlich roh ist V 5b gebaut, sofern hier nicht bloss eine Tonsylbe zum Normalschema fehlt, sondern auch die Nebenpause, welche vor der drittletzten Sylbe sein sollte, vernachlässigt ist.

C. I. L. I 33:

Qu(ei) ápic(e) insígne | diális || flámınis | gesístei
Mórs perfécit | tu(a) *) ut éssent || ómnia | brévia
Hónos fáma | virtúsque || glóri(a) átqu(e) | ingénium *)
Quíbus s(ei) in lónga | licu(íset *) || tíb(e) útier víta

---

*) Synizese

Fácile fáctеis | superáses ||| glóriám | maiórum
Quáre lúbens | t(e) in grémiu *) || Scípio | récip(i)t
Térra Públi | prognátum || Públió | Cornéli

Der Dichter hat sich die Freiheit sehr häufiger Anwendung von Synalöphe und Synizese herausgenommen, auch erlaubt er sich zweimal die Anwendung des seltenen Schemas ‖ ´ ∪ ∪ | ´ ∪ ∪.

V. 4 muss bei Scipio Synizese angenommen werden, weil sonst zwei überzählige Sylben in einen Halbvers kämen.

V. 6 dürfte das Urbild dieser Wendung wohl recépit gehabt haben, wodurch ein ganz normaler Schluss entstünde.

Wenn wir bei Nr. 30 an V. 1a und 5a und b denken, so entspricht diese Inschrift, Nr. 33, den Gesetzen des strengen Saturnius entschieden in höherem Grade.

C. I. L. I 34:

Mágna sápiéntia || multásque | virtútes
Aetáte | quom párva || pósidét | hoc sáxsum
Quoíei víta | deféicit || non hónos | honóre
Ís hic sítus | quei núnquam || víctus ést | virtútei
Ánnos gnátus | vigínti || is lóceis | mandátus
Né quairátis | honóre || quei mínus sít | mandátus.

V. 1a ist durch die Fünfsylbigkeit von sapientia entschuldigt.

V. 2a war vom Dichter vielleicht Aévitáte gemeint statt Aetáte. Wo nicht, so haben wir einen Rückfall in den älteren, roheren Rythmus. In Beziehung auf den Wechsel des Rythmus liesse sich dann der Eingang von Nr. 32 (V. 1 und 2) vergleichen. Die Inschrift zeichnet sich durch Vermeidung von Synalöphe und Synizese vortheilhaft aus.

C. I. L. I 1175

Soraner Weihinschrift der Brüder Marcus und Publius Vertuleius

Quód re súa | d(e)ífeídens || ásper(e) | afléicta
Párens tímens | heic vóvit || vót(o h)oc | solúto
Décuma fácta | polóucta || leíberéis | lubé(n)tes
Dónu dánunt | Hércolei || máxsume | méreto
Sémol t(e) orant | se (vóti) || crébro | condémnes.

---

*) Synizese

Die ausgedehnte Anwendung der Synalöphe und Allitteration, namentlich aber auch die des verkürzten Schemas || ´ ⏑ | ⏑ ⏑ sind Symptome der verfallenden Verskunst. Auch bei 4b und fast noch mehr bei 4a ist es auffallend, dass der Dichter nicht andere Wendungen vorgezogen hat, die ihn dem normalsten Rythmus hätten mehr gerecht werden lassen. Übrigens ist das Gedicht ohne einen wirklichen rythmischen Fehler.

C. I. L. I 1006, Grabschrift des Marcus Caecilius

Hóc est fáctum | monuméntum || Maárco Caicilio
Hóspes grátum (e)st | qu(om) apúd meas*) || réstitístei seédes
Béne rem géras | et váleas*) || dórmias | síne qúra.

Das Grabmal wird ungefähr ins Jahr 100 v. Chr. gesetzt, ist also 150 Jahre jünger als die älteste der Scipionengrabschriften. Mommsen urtheilt darüber: „Affectatae antiquitatis, sed satis factum epigramma." Der strenge Rythmus ist noch richtig eingehalten, abgesehen von der überhaupt nicht als unverbrüchliches Gesetz geltenden Nebenpause vor der drittletzten Sylbe des Verses. Die Vernachlässigung des Tonfalls in 1b ist durch den Zwang der Eigennamen entschuldigt. Von Synalöphe und Synizese ist ziemlich viel Gebrauch gemacht.

Ausser den angeführten epigraphischen Denkmälern hat man schon wiederholt versucht drei weitere Inschriften als saturnische aufzufassen, die Triumphalinschrift des Mummius C. I. L. I 541 und die Grabschriften des Bäckers Eurysaces und seiner Frau Atistia C. I. L. I 1013—1016. Keine von den dreien will sich in unser rythmisches Schema fügen. Ebensowenig sind aber auch die quantitierend Messenden mit den besagten Inschriften zu Stande gekommen. Nachdem wir die zwei Bäckerinschriften bereits bei Besprechung der rythmischen Senare und Hexameter untergebracht haben, ist hier nur noch von der Mummiusinschrift zu handeln. Sie ist, wie gesagt, auch für die quantitierend Messenden eine grosse Verlegenheit.

Ritschl, dem sie sich gar wenig in sein quantitierendes Schema fügen wollte, sah sich genöthigt, mitten drinnen einmal eine Sylbe einzuschalten (is nach quod)**), ja er hat sogar die Schlussworte der

---

*) Synizese.

**) Weil er an jener Stelle eine Länge, resp. zwei Kürzen nöthig hatte. Bücheler—Windekilde, Grundriss der lat. Declination 1879 S. 31 halten es

Inschrift als Prosa, somit als nichtsaturnisch, erklärt, während doch das übrige saturnische Poesie sein soll. Auch Anderen, welche die Inschrift in saturnische Verse zerlegten, wie Bartsch, Allen, Bücheler, Spengel, Havet, bleibt am Schlusse ein irrationaler Rest. Bartsch macht aus den Schlussworten Victoris imperator dedicat durch Umstellung und Streichung dedicat Victória, desgleichen fügt er eine Zeile vorher mit Ritschl is ein und ignoriert mit Ritschl die Cäsur bei Romam: Corintó délető Ro||mám redíet triúmphans. Allen (Remnants of Early Latin, Boston 1880 S. 34) fasst die zwei Schlussworte, welche ihm im Rest bleiben, als erste Hälfte eines unvollendet gelassenen saturnischen Verses. Havet gibt S. 488 als Resultat seiner umfangreichen Untersuchungen die Inschrift mit zwei Emendationen (vorat *) und Herclei statt voverat und Herculis) und dem irrationalen Reste dedicat wieder. Spengel im Philologus XXIII S. 93 betont Hanc aedem et signum Hercúlis und nimmt in vor bello als kurz. Buchholtz verbessert bene in hen und erlaubt sich die Veränderungen délėta, vovérat, imperátor dedícat. Bücheler, der an der Schreibung und am Metrum Anstoss nimmt (anthol. epigr. III S. 5), glaubt, die Inschrift sei in abgeänderter Weise nach einem verlorenen Originale hergestellt worden, doch wird ohne weitere Bemerkung im Grundriss der lat. Decl. 1879 S. 31 die Inschrift ins J. 609 d. St. versetzt. Auch Ritschl hatte die consequent durchgeführte Consonantenverdopplung, die Aspiration bei triumphans **) und die Form Herculis statt Hercolis bedenklich gefunden. Höchst auffallend für eine wirklich poetische Inschrift wäre dann auch die sehr prosaische Stellung der Zeitwörter voverat und dedicat am Schlusse der Sätze; überhaupt ist nicht der mindeste dichterische Schwung in der ganzen Inschrift zu bemerken, es wäre denn die Wendung Romam rediet triumphans, welche sich auch nach ihrem Rythmus als ein Überlieferungsrest der echten alten saturnischen Triumphalinschriften erweist, vgl. Liv. XLI 28, wo aus einer Triumphalinschrift des Jahres 174 v. Ch. die Worte iterum triumphans in urbem Romam redit

für „angezeigt, Schwächung des quod anzunehmen, weil der Abfall des einen auslautenden Dentals einst weiteren Spielraum hatte." Ich glaube, dass der Nom. und Accus. quod niemals sein d verloren hat, und zwar weil man gegenüber von quo eine Unterscheidung brauchte. Und was sollte durch den Abfall des d an unserer Stelle gebessert werden?

*) Ähnlich schon Bücheler „Promontanadus vorat." Sehr unwahrscheinlich.

**) Wenn auch die Aspiration bei Achaia kommt. Die erste Inschrift mit Aspiration nach Mommsen ist die lex agraria vom Jahre 111 v. Chr.

erwähnt werden. Setzen wir auch hier redit statt rediet, so haben wir den vollständig richtigen vordern Halbvers.

Rómam rédit | triúmphans ||

Nehmen wir alles zusammen, so ist es gewiss am gerathensten, wir bezweifeln mit Ritschl und Ruecheler (wenigstens nach anth. epigr. III) die Echtheit der mummianischen Inschrift und setzen ihre Verfertigung in eine Zeit, wo das Verständniss für den wahren saturnischen Rythmus verschwunden war. Eine Parallele zu diesem Vorgang bietet die ja notorisch in späterer Zeit fabricierte Triumphalinschrift des Duilius. Beide Inschriften scheinen mir prosaisch gemeint zu sein. Eine Versabtheilung wie in den beiden ältesten Scipionengrabschriften, in der Soraner Dedication, im Monumentum Lucerin und in dem der Atastia ist auf dem Steine des Titulus Mummianus nicht zu sehen, und wenn wir nicht vorher wüssten, dass die Triumphalinschriften häufig in saturnischen Versen abgefasst waren, würde kaum jemand auf den Einfall gerathen, dass folgende zwei lateinische Sätze etwas anderes als Prosa seien. Ductu, auspicio imperioque eius Achaia capta Corinto deleto Romam redieit triumphans. Ob hasce res bene gestas, quod in bello voverat, hanc aedem et signum Herculis Victoris imperator dedicat. Eine Menge livianischer Perioden haben mindestens ebenso ausgeprägten rythmischen Tonfall; von Metrum aber ist vollends gar keine Spur.

Nachdem wir nun die beiden Epochen des altrömischen Saturnius an uns haben vorübergehen lassen, ist es wohl nicht unzweckmässig, die Hauptresultate, welche sich uns bei dieser Betrachtung ergeben haben, mit kurzen Worten hier zu recapituliren.

1. Die älteste Epoche des römischen Saturnius zeigt noch nicht das schöne feste rythmische Schema, welches die Dichter der Blütezeit eingehalten haben, dagegen finden wir bereits eine regelmässige Abwechslung betonter und unbetonter Sylben, bisweilen mit Zusatz überzähliger Sylben, doch so dass der trochäische oder jambische Tonfall des Ganzen deutlich erkennbar bleibt, weiter finden wir ausnahmslos Theilung des Verses in zwei, drei oder vier respondierende Theile, die durch Pausen getrennt sind, vor welchen regelmässig eine tonlose Sylbe steht. Gewöhnlich sind die Verse zweigliedrig und die erste Halbzeile ist entweder gleich gross an Sylbenzahl oder etwas grösser als die zweite Halbzeile; das umgekehrte Verhältniss kommt kaum vor. Die Zahl der Sylben bewegt sich zwischen 4 und 8 in der Halbzeile. Als besondere Zierde wird theils gleiche Sylbenzahl und gleicher Rythmus der Halbzeilen, theils Allitteration

oder auch eine Art Reim angewendet. Hiatus wird nicht als anstössig angesehen, Synalöphe kommt nicht vor. Die wichtigsten Denkmäler dieser Epoche sind die Duenosinschrift, die Plautiusinschrift und das Epitaphium auf den Sohn des Scipio Barbatus. Ausserdem gehört hierher vorzugsweise die ganze rituale Poesie der Römer und die Spruchweisheit des Volkes, soweit sie der vorcäsarischen Zeit entstammt.

II. Die Blütezeit der saturnischen Dichtung oder die Epoche des strengen Saturnius. An die Stelle der allzugrossen Freiheit, welche die Dichter des älteren Saturnius hatten, tritt eine weise Selbstbeschränkung, ein Schema folgender Art:

´ ◡ ´ ◡ | ◡ ´ ◡ ‖ ´ ◡ ´ | ◡ ´ ◡

Es wird nicht nötig sein auf eine Erläuterung dieses oben so ausführlich besprochenen Schemas zurückzukommen, noch auch die von diesem Schema gestatteten Variationen hier aufzuzählen. Der Hauptunterschied vom älteren Saturnius ist der, dass zwischen die zweite und dritte Tonsylbe zwei unbetonte Sylben zu fallen haben und dass ausser der Hauptpause noch zwei Nebenpausen je drei Sylben vor dem Schlusse einer Halbzeile eingehalten werden. Iambischer Anfang der ersten Halbzeile ist verboten. Die Allitteration ist beliebt; Reimartiges dagegen kommt wenig vor. Der Hiatus wird z. Th. dadurch vermieden, dass man es umgeht auf Wörter mit auslautendem Vocal oder M solche mit vocalischem Anlaute folgen zu lassen; in der Regel jedoch ist Synalöphe angewendet, doch würde bei Naevius und Livius Andronicus ein unverhältnismässiger Procentsatz ihrer Saturnier fallen, wenn man nicht annähme, dass sie sich den Hiatus erlaubt haben. Die Hauptdenkmäler im strengen saturnischen Rythmus sind: die Scipioneneptitaphien Nr 32. 33. 34, die Soraner Dedication, das Monumentum Caecilii und die Fragmente des Livius Andronicus und Naevius. Auch die kleine Reihe dieser Denkmäler zeigt uns einen Entwicklungsgang. Livius und Naevius, welche den Hiatus nicht scheuen, und das Elogium Nr 30, das in einigen Stücken noch mit der ältesten Scipioneninschrift zusammentrifft, repräsentieren eine frühere Stufe; am feinsten ausgebildet erscheint der Saturnius auf den Epitaphien Nr 33 und 34, die Soraner Dedication hat schon ein Symptom des Niederganges an sich: in der Hälfte ihrer Verse hat der schöne reine Typus des eleganten Saturnius einem verkürzten Schema weichen müssen. Ebenso zeigt die Grabschrift des Caecilius einen Abfall vom strengen Rythmus, indem hier die Nebenpause des zweiten Halbverses durchaus vernachlässigt wird. Hand in Hand damit geht es, wenn in der Soraner Inschrift ein Hauptgewicht auf eine Nebensache, die Alliteration, gelegt wird.

Mit der Übung des Dichtens im saturnischen Rythmus schwand nun auch allmählich alles Verständnis desselben im römischen Volke. Horaz verräth uns, dass kein Mensch mehr zu seiner Zeit die altsaturnischen Saliarischen Gesänge u. dgl. wirklich verstanden habe, wenn er epist. II 1, 86 ff sagt:

Iam Saliare Numae carmen qui laudat, et illud,
Quod mecum ignorat, solus volt scire videri,
Ingeniis non ille favet plauditque sepultis,
Nostra sed impugnat, nos nostraque lividus odit.

Mit ingeniis sepultis meint er die kurz vorher genannten saturnischen Dichter Livius (V. 69) und Naevius (V. 53). Und was er vom carmen Saliare sagt, bestätigen uns die völlig ungeniessbaren Fragmente bei Varro u. a., ganz besonders aber wird es illustriert durch den in materieller und metrischer Beziehung verwahrlosten Zustand des Liedes der Arvalbrüder, das nur in einer Copie des J. 218 n. Chr. auf uns gekommen ist. Wenn sich dieses trotzdem in das quantitierende saturnische Versmass fügt (s. z. B. Bartsch S. 50 f., Bücheler anthol. epigr. III S. 3 f., Buchholtz S. 313*), so beweist dies bloss wiederum, dass eben alles Denkbare, alles auch noch so Verderbte ohne viel Schwierigkeit in das unglaublich elastische Schema des quantitierenden Saturniers gebracht werden kann. In Wirklichkeit haben wir weder einen einzigen ganz klaren Satz noch einen einzigen fehlerlosen Saturnier im Arvalliede vor uns.

So sehen wir also auch in diesem Capitel römischer Litteraturgeschichte, wie ein früher kraftvoll emporstrebender, echt nationaler Trieb am Baume italischer Volksentwicklung verkümmert und abstirbt durch das Einbrechen einer fremden, viel höheren Cultur, und so betrübend dies an und für sich erscheinen mag, ich möchte doch sagen: es ist gut, dass es so gekommen ist. Nur eine quantitierende Poesie wie die griechische war im Stande, den schönen Reichthum der lateinischen Sprache an Endungen Jahrhunderte lang und über die Zeiten eines Cicero, Caesar, Livius, Tacitus hinaus zu erhalten. Hätte auch in der Dichtung der Ton nie auf den Endsylben geruht, wie dies in der Sprache des Lebens der Fall war, so wäre es unvermeidlich gewesen, dass die Endungen in kurzer Zeit sich völlig

---

*) Buchholtz scandiert u. a. „incurrére“.

abgeschliffen hätten. Die ausserordentlich starke Neigung der Volkssprache zur Abschleifung der Endungen können wir aus den Inschriften des pisaurischen Hains ersehen, die uns das Vulgärlatein aus der Zeit des zweiten punischen Krieges, also auch des eleganten Saturnius, darstellen; wir haben da bereits fast ganz italienische Endungen, bisweilen mit Abwerfung aller Schlussconsonanten, z. B.: Matre Matuta dono dedro matrona. Feronia Sta (= Statua) Tetio dede. Schliessendes M wird selbst in den Scipionenelogien, und zwar in sämmtlichen saturnischen, weggelassen.

Man wird nun ohne Zweifel als hauptsächlichsten Einwand uns entgegenhalten, dass das Schema des nichtstrengen Saturnius denn doch ein sehr rohes sei und kaum mehr den Namen eines Verses verdiene. Allein ich möchte sehr bezweifeln, dass es gestattet ist einen hohen künstlerischen Maasstab an die saturnische Poesie der Römer in ihrer Gesammtheit anzulegen, vielmehr sind ja die antiken Kritiker selbst darüber einig, dass der Saturnius verglichen mit den griechischen Metren ein entschieden inferiores Product gewesen ist. Jener Metriker, der das bald dem Atilius Fortunatianus, bald dem Caesius Bassus oder dessen Excerptor zugeschriebene Capitel über den Saturnius abgefasst hat, macht selbst den besten saturnischen Dichtern den Vorwurf, dass sie sich dissonos versus erlaubt haben, und noch bekannter ist die Horazstelle, wo der Saturnius mit dem Beiworte horridus gebrandmarkt und als ein schädliches Gift (grave virus) geschildert wird:

Graecia capta ferum victorem cepit et artes
Intulit agresti Latio: sic horridus ille
Defluxit numerus Saturnius et grave virus
Munditiae pepulere, sed in longum tamen aevum
Manserunt hodieque manent vestigia ruris.

An einer andern Stelle redet Horaz vom Saturnius als von einem rude et Graecis intactum carmen; ungriechisch und urwüchsig bäurisch soll der Rythmus (numerus) gewesen sein, der lateinische Bauer war eher im Stande ihn zu geniessen, ihn zu scandieren, als der an die quantitierende Metrik gewohnte Hellene. Der römische Bürger, wenn er an der Gräberstrasse dahin gieng, muss ihn ohne Mühe, ohne besondere Vorbildung verstanden haben; dem feingebildeten Ohre aber doch war er durchaus antipathisch. Denken wir uns nun einen ungebildeten Menschen vor dem Sarkophage des Scipio Barbatus, wird er anders gelesen haben als Subigit omne Loucanam und partsome fifit? Wird es ihm eingefallen sein Subigit omné Loucánam und párauma fûit zu lesen? Oder wird er beim Anblick des Denkmals auf den Sohn des Barbatus scandiert haben: Consól censór aidílis und Dedét Tempéstatébus, wie schon allen Ernstes vorgeschlagen worden ist? Man bedenke doch: erst die Metriker der Kaiserzeit — ein genaues Datum lässt sich nicht angeben*) — scheinen auf den unglückseligen Gedanken verfallen zu sein, die saturnische Überlieferung nach den ihnen allein bekannten metrischen Principien der Griechen zu messen und einen Typus herauszuklügeln, von welchem sie naiverweise selbst zugeben, dass er kaum in einem oder dem andern Verse nachzuweisen sei. Und von diesem πρῶτον ψεῦδος aus sind dann noch die wunderbaren Behauptungen hervorgegangen über etliche unerklärliche Quantitätserscheinungen (z. B. dedērunt), welche die späten Metriker und Grammatiker den alten saturnischen Dichtern in die Schuhe geschoben haben.

Bei einer solchen Methode, wenn die entschiedenste, anerkannteste Ausnahme zur Regel gestempelt wird, lässt sich wahrhaftig alles beweisen; andrerseits hat man gewiss keine Ursache sich darüber zu wundern, dass es den Metrikern gelungen ist, das eine oder andere Beispiel für ihren angeblichen metrischen Typus in der alten Überlieferung aufzufinden, im Gegentheil, man müsste es als ein

*) Die erste ganz sichere Erwähnung geschieht im vierten Jahrhundert n. Ch. bei Diomedes, welcher zugleich die entschieden unrichtige Nachricht gibt, dass Naevius den Saturnius erfunden habe. Man erwähnt gewöhnlich als den frühesten Metriker, welcher vom Saturnius handle, den Caesius Bassus, allein die handschriftliche Tradition schreibt die betreffende Abhandlung nicht dem Caesius Bassus zu, sondern dem Atilius Fortunatianus, und so wie die Schrift auf uns gekommen ist, kann sie (auch nach Havets Ansicht) nicht von Caesius Bassus herrühren, sondern es sind höchstens Excerpte aus diesem Metriker, und wer kann sagen, ob das Capitel über den Saturnius nicht anderswoher genommen ist? Man bewegt sich in dieser Hinsicht in einer Art Zirkel: denn eben die Angaben über den Saturnius, die man für besonders vorzüglich hält, werden wieder als Beleg für die Hypothese gebraucht, dass die Abhandlung sehr alt sei und wohl dem ältesten und wichtigsten Metriker Caesius Bassus zugeschrieben werden müsse (Teuffel, Gesch. d. röm. Litt. 4. Aufl. [1882] S. 609). Teuffels frühere Ansicht (2. Aufl. [1872] S. 661), wonach er mit Westphal annahm, Caesius Bassus habe zur Zeit des Nero ein Lehrgedicht de metris verfasst und dieses sei später in ein prosaisches Werk über Metrik umgewandelt worden, kommt mir noch heute sehr beachtenswerth vor. Diese Umwandlung soll etwa im dritten Jahrhundert n. Chr. stattgefunden haben. Ob dann aber gerade auch das Capitel über den Saturnius auf Caesius zurückgeht, bleibt noch fraglich.

Wunder ansehen, wenn ihnen diess bei den tausenden von Saturniern, welche ihnen zur Auswahl vorlagen, nicht gelungen wäre.

Und ist denn in Wirklichkeit das „strenge saturnische Versmass“ so roh wie man einwendet? Kostet es nicht vielmehr auch einige Anstrengung, um nach diesem Schema zu dichten? Schon an den Ueberlieferungen des Livius und Naevius und der Triumphinschrift des Regillus kann man sehen, dass keineswegs die nächste beste verderbt überlieferte Poesie oder gar einfache Prosa in dieses Schema passt. Wie oben schon gezeigt wurde, genügt sehr häufig die Umstellung eines einzigen Wörtchens, um den strengen saturnischen Rythmus eines richtig überlieferten Verses völlig zu zerstören. Andererseits haben wir gleich im Eingang dieser Abhandlung wahrgenommen, dass in das Ritschl-Havet'sche System auch die reinste Prosa sich einpassen lässt, und man braucht sich also nicht zu wundern, wenn die quantitierend messenden Gelehrten beinahe in sämmtlichen überlieferten saturnischen Fragmenten — trotz der gewiss oft trostlos corrumpierten Tradition — ihr angebliches saturnisches Schema wiedergefunden haben *), sehr instructiv aber wird es sein, wenn ich hier die nach unserer oben entwickelten Ansicht echt überlieferten Saturnier zusammenstelle und in Anmerkungen beifüge, was für merkwürdige prosodische Aufstellungen und gewaltsame Textänderungen — namentlich in den Inschriften — man versucht hat, und wie man selbst die klarsten Schranken, welche die Metriker der Kaiserzeit noch respectierten, wie die Hauptpause, oft genug übersprungen hat, nur um den überlieferten Vers in das bereit gestellte quantitierende Prokrustesbett zu zwingen **).

*) So lässt sich z. B. Havet auf eine Restauration der bei Titus Livius überlieferten alten Orakelsprüche in saturnisches Versmass ein. Ich halte ein solches Beginnen für sehr problematisch; man vgl. nur wie ungenau jener echte Saturnius aus der Inschrift des L. Aemilius Regillus vom Jahr 179 v. Ch., dessen wahre Gestalt uns glücklicherweise durch den Überarbeiter der Metrik des Caesius Bassus erhalten ist, von Livius citiert wird (Havet S. 260 f.).

Excerpte aus Bassus:

„Ex Regilli tabula. Duello magno dirimendo, regibus subigendis.“

Livius, als ob er den Wortlaut gäbe:

„Supra valvas templi tabula cum titulo hoc fixa est: Duello magno regibus dirimendo, caput subigendis, patrandae pacis, haec pugna“ etc.

**) Auf Buchholtz habe ich dabei absichtlich in der Regel keine Rücksicht genommen; wo es ausnahmsweise geschehen ist, wird sein Name angeführt. Ebenso habe ich die Scandirungen von Niebuhr und Grotefend, welche bei H. Meyer Anthologia Latina I Anmerkungen S. 3 ff. nachgelesen

I. Älteste Periode, roherer Saturnier.

1. Duenosinschrift.

Ióve Sat|urno| deivos || qoi med mitat
Nei ted éndo cósmis || vírco sied asted
Noisi Ópe Toitésiai || pacári vois
|| med féced en mánom
Einom díe noine || med máno statod.

Man hat hier Saeturno lesen wollen (damit nicht drei Ictus zusammenstossen) und statt „die“ setzt man die völlig singuläre und unerweisliche Form dee an. Liest man Saturno und behält das quantitierende Schema bei, so erhält man, sofern dann auch noch vor deivos die Halbzeile geschlossen wird, den Zusammenstoss dreier Arsen: Iovĕ Satúrno.

Dass Cobet Unrecht hatte, mit seinem bekanntlich sehr weit gehenden Skepticismus auch diese Inschrift für unecht zu erklären, davon wird hoffentlich jeder Unbefangene um so mehr überzeugt sein, wenn er sich unserer rythmischen Auffassung der Verse anschliesst.

2. Plautiusinschrift:

Díndia Macolnia || fileai dédit
Nóvios Plautios || med Római fécid.

Diese Inschrift scheint sich durchaus nicht in das quantitierende Schema zu fügen; denn sie ist bis jetzt noch nicht als Saturnier anerkannt worden (vgl. S. 42).

---

3. Ältestes Scipionenelogium:

Honc oino ploirume || cosentiont Romai
Duonoro óptumo || fuíse víro
Lúcíom Scipióne | filios | Barbáti
Cónsol césor | aidílis || hic fúet apúd vos

---

werden können, absichtlich hier unerwähnt gelassen und noch verschiedene Andere, um den Ballast verkehrter Aufstellungen nicht ins Unendliche zu vermehren.

Hec cépit Córsica || Aleriáque úrbe
Dédet Témpestátebus || aíde mérito lúbens.

V. 1. Man versuchte die Abtheilung co[n]sentiont und die Ergänzung Romane statt Romai: die Unrichtigkeit von Romane hat Havet nachgewiesen.

Man liest auch zwei Ictus zusammenstossen: consentiont Római.

V. 2 wurde nach viro „viroro" eingefügt, obgleich der Stein an dieser Stelle so wenig die Spuren ausgefallener Buchstaben zeigt als in V. 3, wo es noch niemand einfiel die hinter Barbati befindliche leere Stelle des Steins durch Conjectur auszufüllen.

V. 3 wird Luciom gelesen statt Lucium; der angebliche Beweis für diese Verlängerung ist durchaus problematisch.

V. 4 wird censōr gelesen statt censor. Auch für diese Behauptung vermisst man genügende Beweise *). Ebenso wird fuet gelesen statt fuit, vgl. das folgende Scipionenepitaphium V. 4.

V. 5 wird Elision über die Cäsur hinüber angenommen. „Für die Elision über die Cäsur hinüber ist nur ein sicheres Beispiel anzuführen El. Scip. 2, 5:

Hec cépit Córsica Alériaqu(e) || úrbe pógnandod."

Bartsch saturn. Vers S. 26, indem er Ritschls Zufügung von pugnandod einfach wie die echte Überlieferung behandelt.

---

*) Bücheler—Windekilde, Grundriss der lat. Decl. 1879 sagen S. 18: „Die alte Länge des Nom. erhält ... zeigen plautinische Kretiker wie magister mihi exercitor animus nunc est und die Apices einer augusteischen Inschrift grammaticus latinusque fuit." Bei letzterer dürfte es sich fragen, ob dieser Grammatiker aus dem Anfang der Kaiserzeit für die wirkliche Praxis der Mitte des dritten Jahrhunderts v. Ch. etwas beweist, und zweitens, ob er nicht vielleicht auch bei Positionslänge sich den Apex erlaubt hat. Was aber die plautinischen Kretiker anlangt, so müssen wir dieses prosodische Beweismaterial durchaus ablehnen. Plautus hat sich offenbar bei diesen schwierigen Metren alle möglichen Freiheiten genommen, welche keine weiteren Schlüsse auf die übrige lateinische Sprache und Litteratur gestatten. Man kann aus diesen schwierigen plautinischen Metren, so wie sie jetzt behandelt werden, alles mögliche erschliessen, z. B. Länge des o in egō (Bücheler S. 37), Kürze des o in virō (S. 24), Kürze des i im Genetiv Sing. probrī (S. 10), Kürze des i im Nom. Plur. merī, delī, locī (S. 20, 40), Länge des o in ob (S. 181) u. s. w. Sollen wir im Widerspruch mit der ganzen lat. Litteratur bis zum mächtigen Eingreifen des rythmischen Princips ein archaisches egō statuieren? Ja, wird man sagen, denn auch das Griechische hat ἐγώ — meinetwegen, aber dann auch ursprüngliches ī im Gen. Sing. und Nom. Plur. trotz griech. Diphthong" —

Andere (Allen) messen Cornicā(m), obgleich das nächste Wort mit einem Vocal beginnt; sie dehnen die falsche Behauptung eines langen a im Nominativ Cornicā, terrā, formā auch auf den Accusativ aus.

Bücheler fügt noch urbe claud ein.

V. 6 wird von den Einen Tempestatebūs, von Andern (Spengel und Buchholtz) Tempestatebus gemessen.

---

4 Wiegenlied:

Lálla lálla lálla || aut dórmi aut lácta.

Havet scandiert. Lallá lallá lálla | aút dormí aut lácte oder aut dormí aút lácte, Allen. Lálla lálla lálla || aút dormi aut lácte — also je nach Belieben kann nach diesen quantitierenden Auffassungen der Ictus auf folgende Sylben fallen:

Lálla lálla lálla || aút dórmí aút lácte

Man sieht die hübsche Elasticität dieses Systems.

---

5 Bauernregel

Hibérno púlvere || vérno láto || grándia fárra || camílle métes.

Allen gibt keine Ictus an und sagt: The verses are hardly Saturnians.

Havet stellt folgende $1\frac{1}{2}$ Saturnier her:

Hibérno pulveré || vernó luto grándia fárra
Camílle métes . . . .

Dabei mißt er lutō mit kurzem o, pulverē mit langem e, metēs mit kurzem e: die Prosodie wird einfach auf den Kopf gestellt.

---

6 Spruch beim Mostversuchen:

Nóvum vétus || vínum bíbo ||| nóvo véteri morbo médeor

Bei Allen weggelassen; Havet proponiert nach Streichung zweier Wörter folgende zwei Lesungen:

Novúm vetus bibó | novó veteri médeor

oder Vetús novum bibo || veteri nové medeor. Und doch zeigen noch heute die romanischen Sprachen in solchen Sprüchen das alte wahre Metrum. Mein College Cornu theilt mir unter vielen andern gleichartigen italiänischen, spanischen, portugiesischen und rätischen Sprüchen auch folgenden portugiesischen mit:

Água móle en*) pédra dúra |, tánto dá a té que fúra

Eine überzählige Sylbe zeigt der zweite Halbvers von:

Tras pared sin tras seto | non digas el tu secreto.

7. Praeceptum Marci:

Postrémus dícas || prímus táceas.

Allen gibt keine Ictus, Havet lässt uns die Wahl, ob wir den Spruch als Schlusstheil oder als Anfangstheil eines regelrechten Saturnius Havetianus auffassen wollen, entweder:

. postrémus | dícas, prímus táceas

oder Postrémus dícas, prímus |, táceas

Beides ist nur wegen der Zertrennung der zusammengehörigen Spruchtheile durch die Pause sehr unwahrscheinlich. Auch die heutigen romanischen Sprüche zerfallen regelmässig in zwei Hälften.

8. Besprechungsformel bei Cato.

Huát haút haút || ista písta sísta ||| dannábo dánnaustra

Von Havet übergangen, von Allen als 1½ Saturnier aufgefasst, doch nicht mit Ictus versehen.

9. Volksvers bei den Gladiatorenspielen:

Nón te péto || píscem péto ||| quíd me fúgis | Gálle

10. Rituelle Vorschrift:

De quod débes | de mánu || déxt(e)ra árte

Bei Allen und Havet fehlt dieser Vers, den man, wofern die Form dexterad oder auch nur dextera für dextra hergestellt wird, auch schon den strengen Saturniern zuzählen kann.

*) Zwischen mole und en ist Synalöphe

II. Beispiele strenger Saturnier.

1. Elogium des Scipio Barbatus.

Cornélius | Lúcius || Scipió | Barbátus
Gnaivod patre | prognátus || fórtis vír | sapiénsque
Quoius fórma | virtútei || parísuma fúit
Cónsol cénsor | aidílis || quei fúit | apúd vos
Taurásia | Cisaúna || Sámnio cépit
Súbigit ómne | Loucánam || ópsidésque | abdoúcit.

V. 1 wird Lucius gemessen, aber daneben auch Cornelius. Eine Länge des fraglichen i lässt sich in der ganzen römischen Litteratur nirgends nachweisen.

V. 2 wird eine nicht etwa durch die Position hervorgerufene Länge des e in patre statuiert; auch hierfür scheinen mir genügende Beweise zu fehlen. Sehen wir von Plautus ab, bei welchem sich ja nach Bücheler—Windekilde Grundriss der lat. Decl. S. 39 gerade in Beziehung auf solche Quantitäten allerlei „Reste jener alle Endungen entstellenden Sprachperiode finden, welche mit der Litteratur erlosch", so finden wir so gut wie nichts Analoges. In der gesammten dactylischen Poesie, also unter vielen tausend Fällen begegnen wir einem einzigen Beispiel ähnlicher Art (Bücheler—Windekilde S. 96): „Ennius schreibt (ann. 420) sub montē." Übrigens — angenommen dass dieses Beispiel authentisch wäre, was sich denn doch bezweifeln lässt, — so wäre vielleicht noch hervorzuheben, dass sub montē aus dem locativen sub monti sehr natürlich entstehen mochte, während patrē aus patrēd entstanden sein dürfte. Ich bin aber a priori der Ansicht, dass bei der schlechten Überlieferung des Ennius ein singuläres Exemplum in der Regel nichts beweist.

V. 3 wird in forma und parisuma langes schliessendes a statuiert. Eine unbefangene kritische Erwägung der einschlägigen Plautusstellen ergiebt keineswegs, dass Plautus in der Regel im Nom. und Voc. sing. ā gemessen hat, sondern es scheint sich die Länge auf griechische Wörter zu beschränken *), wie Sosia Amphitr. 648. 1024

*) Und solche Formen treffen wir überhaupt in der lateinischen Litteratur, auch jüngere Dichter brauchen die Nominative Andromeda, Phaedra u. dgl. mit langem a: s. Lachmann zu Lucr. S. 406 f. Ovid. remed. am. 162. Bücheler—Windekilde, lat. Declin. 1879 S. 23; s. auch Fleckeisens kritische Miscellen S. 16 ff. Bei obiger Untersuchung wurden speciell berücksichtigt die

und Leonida Asin. 740 und vielleicht epistola Asin. 762, woran sich agea des Ennius anschliesst. Cantharo Epid. 367 fällt in der neuesten Textherstellung weg, sofern es an den Schluss des Verses gesetzt ist. Bei epistola Asin. 762 ist die Überlieferung aber auch keineswegs ohne Anstoss: zwei der vier Götzischen Handschriften haben einen entschiedenen Fehler in diesem Verse, und A fehlt überhaupt![1] Auch agea bei Ennius (Isidor orig. XIX 2, 4) steht kritisch nicht ganz sicher. Das scheint mir doch eine ziemlich schlechte Basis für die Behauptung, dass in den saturnischen Inschriften etwa ein halbdutzendmal bloss einem problematischen Schema zulieb im Nominativ a gemessen werden dürfe. Durchaus nicht herbeiziehen darf man die vorgeblichen a in den Cantica des Plautus, denn gerade in diesen ist die metrische Auffassung sehr oft im höchsten Grade problematisch. Ebenso wenig beweist natürlich das Beispiel aquila, welches für Ennius angeführt wird: wenn man es auch als authentisch ansehen will, so steht eben doch diese Verlängerung gerade in der Hauptcäsur des Hexameters und beweist aus diesem Grunde nichts. Kurz dieses vorgebliche lange A, welches dermalen als unumstössliches Dogma zu gelten scheint, vgl. z. B. Spengel im Philologus XXIII 89, hat meiner privaten Überzeugung nach gerade so wenig feste Basis als die übrigen gleichartigen prosodischen Aufstellungen zu Gunsten des saturnischen Metrums.

parvuma soll kurzes i haben, während doch das i hier nur graphisch sich vom später üblichen ei unterscheidet. Ebenso gut könnte man für die nächstfolgende Inschrift superases und fecitei aufstellen.

fuit soll langes u haben, in der nächsten Zeile dagegen kurzes (Allen, Havet u. a.).

Man liest zwei Sylben mit Ictus zusammenstossen: parvuma fuit.

V. 4 oinuor soll wieder langes o haben wie in der vorhergehenden Inschrift, s. die dortige Bemerkung *).

Stücke Amphitruo, Asinaria, Aulularia, Curculio, Epidicus, Menaechmi, Trinummus, Truculentus. Wenn ich einen Unterschied statuiere zwischen der Behandlung griechischer Wörter und Eigennamen einerseits und echt lateinischer Wörter andererseits, so ist diese auch sonst bei Plautus ersichtlich, sofern er zwar Alcumenas im Genetiv sagt, nicht aber, trotz des Ennius, pecunias (Persa 409).

*) Ausser Plautusstellen führt Neue bei Formenlehre I 171 auch noch zwei Stellen aus Verg. Aen. an: dolor XII 422, domitor XII 550. Beidemal ist nach der betreffenden Verlängerung ein Absatz des Gedankens. Allen

fuit soll langes i haben wie in der vorhergehenden Grabschrift fuet langes e.

V. 5 Man lässt zwei Ictussylben zusammenstossen: Samnió cépit.

V. 6 subigit soll langes i am Schlusse haben. Aber in den allermeisten Fällen ist dieses it kurz gewesen, und ich möchte glauben, dass die Mehrzahl der wenigen für die Länge angeführten Beispiele, wofern sie nicht durch die Cäsurpause entschuldigt sind, nur auf fehlerhafter Textüberlieferung beruhen. Etwas anderes ist es mit der Perfectendung.

3. Scipionenelogium Nr. 34.

Qu(ei) ápic(e) insígne | diális || fláminis | gesístei
Mórs perfécit | tu(a) ut éssent || ómnia | brévia
Hónos fáma | virtúsque || glóri(a) átqu(e) | ingénium
Quíbus s(ei) in lónga | licuíset || tíb(e) útier víta
Fácile fáctéis | superáses || glóriám | maiórum
Quáre lúbens | t(e) in grémiu || Scípio | récipit
Térra Públi | prognátum || Públió | Cornéli

V. 1 e von insigne = insignem soll trotz der Position kurz sein (Allen). Diese Messung steht einigermassen im Widerspruch mit den Messungen Nr. 30, 5: Taurasiá[m], Cisauna[m]; und 32, 5: Hec cepit Corsicá[m] Aleria[m]que urbe[m]. Dagegen steht sie parallel den ebenso unrichtigen Messungen Immolabat, in pleores, Calypsonem, ministratores, expeditionem und senex (s. Bartsch, saturn. Vers S. 9).

V. 2 conjiciert Ritschl uti für ut; auch lässt Ritschl zwei Ictus zusammenstossen: Mors perfécit. omnia soll langes a haben. Ähnliches soll bei Plautus vorkommen; bei näherer unbefangener Erwägung wird sich diese Annahme sicherlich gerade so wenig haltbar erweisen als die Aufstellung über den Nom. sing. I. Decl.*)

wir müssen auch dieses Beweismaterial a priori ablehnen; denn gerade das XII. Buch, an welchem Vergil eben arbeitete, als er vom Tod weggerafft wurde, kann nicht als in allen Theilen ausgefeilt und abgeschlossen betrachtet werden. Bekanntlich sollte das jetzt sogenannte XII. Buch keineswegs den Abschluss der Äneis bilden. Es ist sehr wahrscheinlich, dass Vergil, wenn ihn der Tod nicht gehindert hätte, die besagten Stellen mit dem gleichzeitigen Gebrauche der classischen Autoren in Einklang gebracht haben würde.

*) Bei Bücheler—Windekilde Grundriss der lat. Decl. S. 40 wird die „Verlängerung" des a im Plur. der Neutra als ursprünglich aufgestellt, d. h.

V. 3 wird famā gelesen.

V. 4 wird ūtier vita gemessen, s. zu V. 1. Oder man misst ūtier vita. Oder man liest „habe gerade wie mihi" mit dem folgenden Vocal zusammenfliessen (Bücheler—Windekilde lat. Declin. S. 118), was ich nicht begreifen kann.

In demselben Verse wird die Cäsur missachtet bei honos—est (Ritschl, Allen u. a.)

V. 5 wird facilē gelesen ohne genügenden Beweis der Richtigkeit *)

V. 6 stossen zwei Tonsylben zusammen. Scipió récepit (Ritschl, Allen, Bücheler, Havet u. a. f.)

V. 7 wird terrā gemessen statt terrá.

3. Scipionenelogium Nr. 34.

Mágna sapiéntia | multásque | virtútes
Aetáte | quom párva |, pósidét | hoc sáxum
Quoiei víta | defécit || non hónos | honóre
Is hic sítus | quei núnquam || víctus ést | virtútei
Ánnos gnátus | vigínti ' is lóceis | mandátus
Né quaeratis | honóre | quei minus sit | mandátus

---

wohl die „Länge": denn eine Verlängerung ist doch niemals ursprünglich. Aber gegen die ursprüngliche Länge dieses e, welche seit Decennien als Dogma gepredigt wird (Spengel im Philol. XXIII (1866) 89 findet z. B., dass die Kürze dieser Endung durch keine einzige Stelle bewiesen werden könne) spricht nicht bloss das Lateinische im allgemeinen, sondern auch das Griechische und das Zend, weshalb auch Neue, Formenl. I S. 3 für das Lateinische ursprünglich und durchaus die Kürze annimmt. Die Zahl der für erlangtes e aufgefundenen Belege ist relativ minim gegenüber den tausenden von Fällen mit kurzem e. Man erwähnt meist Scipionenschrift, die oben berührten fehlervollen plebejisch provenzalen Orakeltäfelchen, Kretiker und Choriamben von Plautus und Terenz; alle diese Belege werden wir abweisen müssen, so bleiben nur noch ein paar andere Plautusstellen gegenüber von tausend richtigen, und dabei ist doch zu bedenken, wie schlecht in vielen Dingen die handschriftliche Tradition dieses Schriftstellers und wie problematisch vielfach deren Auffassung ist.

*) Denn es ist eine blosse Hypothese, wenn gegenwärtig (z. B. Bücheler—Windekilde lat. Declin. 1879 S. 97) gesagt wird: facilē ist der lange Ablativ des i-Stammes. In der gesammten Latinität präsentieren sich diese Adverbien vielmehr als Acc. Neutr. gerade wie die Comparativ-Adverbien. Es gibt meines Wissens kein zweites Beispiel für facilē. Auch Kühner, ausführl. lat. Gramm. I S. 602 fasst facile und difficile als Accus. des Neutrums.

Meine Vermuthung, dass das Original im zweiten Verse Aévitáte statt Aetáte hatte, würde den zweiten Vers zu einem vollkommen normalen umgestalten. Unterschreibt man diese Conjectur nicht, so wird man sagen müssen, dass die zwei ersten Verse im roheren alten Stile abgefasst sind, und in Beziehung auf diesen Wechsel des Rythmus könnte man vergleichen, dass in Nr. 38 gleichfalls die beiden einleitenden Verse jambischen Tonfall zeigen, während dann mit trochäischem fortgefahren wird. Ganz gleichartiges kehrt in den rythmischen Gedichten des Mittelalters wieder. *)

---

¹ V. 1. Ritschl u. a. missachten hier die Cäsur und lassen zwei Ictus zusammenstossen: virtútes

V. 2 Man (Ritschl, Havet, Bücheler, Allen u. s. f.) lässt zwei Tonsylben zusammenstossen: quóm párva wie bei Tempéstátebus, 32, 6.

Das e von posidet soll lang sein.

Ausserdem statuiert Havet in diesem Vers die Form párua mit vocalischem u.

V. 3 muss wieder langes a angesetzt werden in vitá statt vitā.

V. 6 muss quaeratís mit langem i angesetzt werden. Allen macht hierzu folgendes Geständniss: „Quaerátis seems to be the scanning intended, but in spite of this indication (which is quite isolated) it is extremely doubtful *whether the personal ending—tis was ever really long*." Aber bei dem quantitierenden System braucht man eben Längen, daher die merkwürdigen Behauptungen!

---

4 Die Soraner Dedication (C. I. L. I 1175):

Quéd re sũa | dífeidens || ásper(e) | afleicta
Párens tímens | heic vóvit || vót(o) hoc | solúto
Décuma fácta | polóucta || leiberéis | lubéntes
Dónu dánunt | Hércolei || máxsume | mérito
Sémol t(e) órant | se vóti || crébro | condémnes.

---

*) Vgl. auch Spengel a. a. O. S. 91 „Der Vers Aetáte quóm párva | pósidét hoc sáxsum ist von den inschriftlich erhaltenen Saturniern der einzige, in welchem die verletzte Thesis des ersten Hemistichiums unterdrückt wird. Fänden sich diese Worte als Fragment eines Dichters, so würde ich nicht anstehen, zu einer Änderung zu greifen, z. B. perpárva . . . Dann gäbe es im Ganzen nur zwei Formen des saturnischen Versmasses." Also auch bei quantitierender Messung scheint im ersten Hemistichium eine Sylbe zu fehlen.

V. 1 und 2 bei aspere und voto lässt man Hiatus gelten, während bei te V. 5 Synaloephe angenommen wird.

V. 4 conjiciert Havet Hercles (nach Ritschls Vorgang) oder Herecoles, andere lesen gar Hercólei, oder sie lassen wenigstens je zwei Ictus zusammenstossen: dantúnt Hércoles, maxumé mérito

V. 5 lässt man wieder zwei Ictus zusammenstossen: cóndémnes.

---

5. Grabschrift des Maarcus Caecilius C. I. L. I 1006:

Hóc est fáctum | monuméntum || Maárco Caicílio
Hóspes grátum (e)st | quó(m) apúd meas || réstitístei seédes
Béne rem géras | et váleas || dórmiás | sine qúra.

Die quantitierenden Metriker lesen in V. 1 entweder Caicílio (Bücheler, Spengel, Allen) oder Caícilio, wie sie oben Lucium messen (ohne Beweise). Dass für den quantitierenden Standpunkt der dritte Vers durch seine Auflösung einer Länge in zwei Kürzen bei valeas bedenklich ist, erhellt aus Christ, Metrik[3] S. 370: „Die Auflösung einer Länge in zwei Kürzen sollte man in einem lyrischen, zum Gesang bestimmten Vers, was der Saturnius von Hause aus war, nicht erwarten." Buchholtz behauptet S. 318, um seine quantitierenden Saturnier zu erzielen, monumentum sei dreisylbig = mon'mentum, bene einsylbig = ben. Im zweiten Verse setzt er die Pause zwischen apud und meas. Übrigens wundert er sich selbst, „quod lectio non est Hoc factum est monumentum." Bei dieser einfachen Umstellung wäre ein richtiger Saturnius Buchholtzianus herausgekommen, während man so zu der doch bedenklichen Annahme eines dreisylbigen monumentum genöthigt ist.

Über die Gewaltsamkeiten, welche gegen den Titulus Mummianus und die Grabschrift der Atatia ausgeübt worden sind, um sie dem „saturnischen" Metrum anzupassen, ist an ihrer Stelle oben gehandelt worden.

---

6. Aus Livius Andronicus (nach dem Verzeichnis bei Havet S. 425 ff.): *)

Virum míhi | Caména || ínsecé | versútum
Páter nóster | Satúrni || fílie | . . .

*) Bei diesen Saturniern der Schriftsteller übergehe ich die Cäsurverschiebungen, das Zusammenstossenlassen der Ictus und was dergleichen von Vahlen, Havet und Anderen im Widerspruch mit den überlieferten Musterversen gewagt worden ist.

Méa púer | quíd vérbi || *)
Néque támen te | oblítus || súm Laértie nóster
Argénteo | polúbro || áureó | et eclútro
Túque míhi | narráto || ómniá | disértim
Quáe haec dáps est | quí féstus || díes . . .
Mátrem {méam} | procítum || plúrimí | venérunt
Quándo díes | advéniet || quém profáta Mórta est
Átti in Pýlum | advénies || aút ibi | ommentáns
|| [illegible]
Íbidémque | vír súmmus || adprímus | Patróclus **)
Átque éscas | habémus || méntiónem . .
Pártim érrant | nequínont || Graéciam | redíre
Ápud nýmpham | Atlántis || fíliam | Calypsónem
Ígitur démum | Ulíxi | fríxit cór | prae pavóre ***)
†) Útrum génua | amplóctens || vírginem | oráret
Íbi mánens | sedéto || dónicum | vidébis .
Mé carpénto | vehéntem || in dómum | veníse
Símul dácrumas ††) | de óre || noégeó | detérsit
Námque péius | nihílum †††) || mácerát | humánum
Tópper vírum | confríngent *†) || importúnae úndae
|| fílius | Latónas **†)
Nám díva | Monétas ||
***†)

*) Die zweite Vershälfte ist so verderbt, dass auch die quantitierend Messenden ändern müssen.

**) Auch Westphal, Inauguraldissert. Tüb 1852 S 64 betont in diesem Verse Patróclus

***) Überliefert ist cor frixit; vielleicht ist ausserdem prae zu streichen; die Quelle — die Interpolator des Servius — ist keine der besten.

†) Der hier bei Havet folgende Vers scheint mir ein roher Hexameter zu sein: Célsosque ócris árvaque pútria ét mare mágnum

††) dacrumas] so lacrumas die Überlieferung

†††) nullum peius die Überlieferung, nihilum peius Havet

*†) Oder nach der Überlieferung Mágnae tópper | confríngent.

**†) Auch der hierauf bei Havet folgende Vers scheint hexametrisch aufzufassen: ⊥ — ⊥ nexábant múlta ínter se fléxu Nódorum dúbio

***†) Auch den hier bei Havet folgenden Vers habe ich ausgelassen, er würde zwar nach den von Havet angeführten Veränderungen durch Korsch auch in unsern Rythmus passen:

Tíbi díos | ferébat || fúnerá | Ulíxes;

allein die Überlieferung bei Priscian zeigt einen klaren Hexameter:

Ínferus án superus tibi fért deus (— deus?) fúnera Ulíxes

Tópper fácit | hominés*) || et prímo | fúerunt
Tópper cíta | ad aédis || vénimus Círcae
Rem in áltum | expúlsa || lautre . . . .
|| sic quoque fitamst
| paréntes || praemodum | . . .
| ad fílium || éiu bíbi lúsa
. . quónam | audívi | pácto | gavíti**)
Vestis pálla | purpúrea || ámpla . . .
. dúoane | in lúco ***)
Déque mánibus | dextrábus ||
Sáncta púer | Satúrni || fília | Regína.

- -

7. Aus Naevius (nach dem Verzeichnis bei Havet S. 434 ff):
Eórum sectam | sequuntur || múlti | mortáles
Ílis fóras | cum aúro || illínc | exíbant
Múlti áli | e Troía || strénui víri
Iánque eius †) méntem | fortúna || fécerit | quiétem
Ínerant sígna | expréssa || quómodo | Titáni
Bicórpores Gigántes || magníque | Atlántes
Rúncus átque | Purpúreus | fílii Térras ††)
Silvícolae | hominés*) || bellíque | inertes
Blande et dócte | percóntat Aenéas †††) | quo pácto
Príma incédit | Céreris | Prosérpina púer

---

*) hominés überliefert.

**) Das hier bei Havet folgende Fragment vecordo et malefico vecordia ist so corrupt, dass wir füglich darauf verzichten.

***) Hier folgen zwei zerstörte Hexameter Cum socios nostros | mandisset impune Cyclops und At celer hasta volans | perrumpit pectore ferro. Havet verarbeitet sie zu folgenden Saturniern: . || cum socios nostros
Mandisset impune || Cyclops . .
und At celer hasta perrumpit || pectora ferro. Bartsch conjiciert: At céler hastá volans perrumpit péctore ferro
Der darauf folgende Vers
Carnem [alt] vinumque quod libabant anclabatur
scheint verderbt, statt des auffälligen alt wollte G. Hermann autem, Havet ein dem homerischen (ι 364) entsprechendes Adjectivum einfügen.

†) Über die Einsilbigkeit von eius vgl. Lachmann zum Lucret. I. 149.

††) Der hier bei Havet folgende „Vers" scheint nur reine Prosa: Manius Valerius consul partem exerciti in expeditionem ducit.

†††) Havet schreibt Aenea.

Deínde póllens | sagíttis ||
Sánctus Ióve | prognátus ; Pýthius | Apóllo
Ítque sómnum | ad caélum ; sústulit | . . .
| Amúlius || grátulabátur dívis
Póstquam ávem | aspéxit | in témplo | Anchísa
Sácra in ménsa | penátium || órdine | ponúntur
Ímmolábat | aurátam*) || víctimam púlcram
Éxta ministratóres ||
| cum cárnem | victóribus dánunt
Tránsit Mélitam | Románus ||
**) Vírum praétor | advéniens || auspícát | auspícium
| vicissátim || vólo | victóriam
Cénaut éo | ventórum || óbviam Poenum***)
Supérbiter | contémptim | cónterit | legiónes
Séptimum décimum ánnum†) || ílicó | sedérent
Réconcíliat | captívos ; plúrimos ídem
Sícilienses | paciscit | óbsides | ut réddant
Ei vénit | in méntem || hóminum | fortúnas
Fámae ácer | augéscit || hóstibus | . .
Ónerariae | onústae | stábant | in flústris
Mágnam dómum | decorémque || dítem | vexárant††)
| sub sólum | rédierunt
. púlcraque | ex áuro | vestémque | cítrósam
Sénex frétus | pietáti ||
Régis frátrem | Neptúnum || régnatórem márum

---

*) immolabat auream die Überlieferung, in auream molabat(?) Havet. Für meine Conjectur, wobei auratam — mit vergoldeten Hörnern zu fassen wäre, liesse sich vergleichen Tertullian, idol. 6 fin. saginatiorem et auratiorem et maiorem hostiam caedere.

**) Der bei Havet folgende Vers wäre nur mit zwei Umstellungen zu brauchen. Überliefert ist: Urit populatur vastat, rem hostium concinnat. Der Vers hat den richtigen Rythmus, wenn man umstellt: Úrit vastat | populatur || hóstium rém | concinnat.

***) Der hier von Havet eingefügte Saturnier scheint mir als Hexameter gelesen und ausgeschieden werden zu müssen

Cónvenit regnúm simul átque locós ut habérent.

†) Durch Zwang der Zahlwörter ist die Vernachlässigung der Nebenpause entschuldigt.

††) Der hier bei Havet folgende Vers aus Donat müsste durch Umstellung des Wortes plerique verändert werden. Die Überlieferung hat: Plerique omnes subiguntur sub unum iudicium. Man müsste lesen: Ómnes súbiguntur | plerique || oder Súbiguntur ómnes | plerique ||.

Súmme déum | regnátor || quianám | genuísti
| Samníte ||
. . . . | peruro || mávolúnt | ílludem
Quíam cum stúpro | redíre |
| fortíssimos víros
|| fíeri | per géntis
|| ambórum | uxóres
Nóctu Tróiad | exíbant |
Fléntes ámbae | abeúntes || lácrimis | cum múltis
| pártiét | lóchetis
Lúcam bóvem |
Quí dum máre | sudántes | eúnt átque | sedéntes*)
Ferunt páteras | cratéras | auréas | lepístas
Mágni métus | tumúltus || péctorá | possídit
Nóvem Jóvis | concórdes || fíliae | soróres
Pátrem súum | suprémum || óptumúm | appéllat
Scápos átque | verbénas || ságminá | sumpsérunt
Símul álius | aliúnde || rúmitant inter sése**)
Tópper cíti | capéssent || flámmam | Volcáni
Ápud empórium | in cámpo || hóstíum | pro moéne
Símul dúona | eórum || pórtant | ad návis
Múlta ália | in ísdem || insérinuntur
Rédeunt réferunt | petíta || rúmore | secúndo
Vielleicht saturnisch: Súmmas ópes | qui régum || régias | refrégit.***)

---

*) Der hier bei Havet folgende Vers Cum tu arquitenens sagittis pollens dea ist so corrupt, dass auch die quantitierend Messenden zu Conjecturen greifen müssen.

**) So die Überlieferung, Havet vielleicht besser: inter se. Rúmitánt | intérse

***) Es hängt mit dem schlechten Zustande der Tradition aller dieser Fragmente aus der archaischen Litteratur zusammen, dass das strengste Schema nicht weit öfter auftritt als die Variationen. Ich bezweifle durchaus nicht, dass eine grosse Zahl der die Variationen zeigenden Halbverse falsch überliefert, beziehungsweise falsch hergestellt ist. Man möge dies aber nicht sofort als Waffe gegen unsere Messungsmethode benutzen. Denn nichts ist an sich schlechter überliefert als die archaischen Fragmente, und ein System wie das Havetsche, in welches sozusagen alle überlieferten Fragmente sich einfügen trotz der zahlreichen Corruption, in der sie sich nun einmal befinden, erweist sich eben dadurch als äusserst unwahrscheinlich. Ich glaube also, dass zwar manche der Variationen zeigenden Halbverse richtig sein können, viele aber werden unrichtig sein; denn gewiss haben Livius und Naevius im allgemeinen das reguläre, strengste Schema eingehalten. Wenn

Für apokryph halte ich das angebliche Epigramm des Naevius auf sein eigenes Grabmal bei Gellius I 24, wie ja auch die Echtheit der beiden andern angeblich selbstverfassten Grabschriften des Plautus und Pacuvius, welche Gellius an der gleichen Stelle mittheilt, von bedeutenden Gelehrten entschieden bestritten wird. Unser näevianisches Epigramm ist nicht bloss masslos arrogant, sondern es ist auch ganz evident nicht nach dem rythmisch, sondern nach dem quantitierend aufgefassten Schema dabunt malum Metelli angefertigt. Es lautet:

Immórtalés mortáles*) | sí forét fas flére
Flerént divaé Caménae | Naévium poétam
Ítaque póstquam (e)st Órci**) tráditús thesauro
Oblíti súnt Romaé loquiér linguá latína
oder Oblíti súnt Romaé lóquier linguá latína

Also genau wie einst Ritschl gemessen hat:

Hosc olno plórumé copéntióet Románe

Mit unserem oben auseinandergesetzten rythmischen Schema stimmen bloss zufällig folgende Halbverse:

Ímmortáles | mortáles ||
Flérent dívae | Caménae || Naévium | poétam
|| tráditús | thesauro
|| lóquier língua | latína.

Fehlerhaft wäre dagegen die Tonlosigkeit von fas in || si forét fas flére. Dem Halbvers 3a müsste durch die Conjectur Orcino geholfen werden: Ítaque póstquamest | Orcíno ||. Dem Halbverse 4a wüsste ich gar nicht zu helfen. Nimmt man den quantitierenden Masstab, so sind die Verse wie gesagt richtig.

---

es mir möglich gewesen wäre unter den Variationen ungenden Halbversen die echten von den falschen zu sondern, so würde ich natürlich die letzteren nicht aufgezählt haben; in Einem Falle, bei Flére dívae | Musae || flíte | dóeant, habe ich es auch angeführt, weil dies der einzige Fall gewesen wäre, wo die Variation || / v v | / v v in Anwendung stände; aber im ganzen musste ich die Sache unentschieden lassen und kann nur wünschen, dass im Fortgange der hier angefangenen Untersuchungen auch dieses Gebiet auf einen immer kleineren Bezirk eingeschränkt werden möge. Am wenigsten bedenklich erscheint mir die Variation nach dem Schema | mul-tásque | virtútes.

*) Die von Curtis angegebene Variante Mortales immortales findet sich, einer gütigen Mittheilung von M. Hertz zufolge, nicht in den Handschriften. Sie wäre auch bloss eine Verschlechterung.

**) orcho und orcine die Überlieferung

Ganz ebenso verhält es sich mit dem angeblichen Saturnier, den Havet aus Marius Victorinus herangezogen hat (S. 318. 440):

Cum victor Lémno clásem || Dóric(am) áppulisset.

Es ist ein von dem späten Metriker selbst fabricierter Vers nach dem quantitierend gemessenen dabunt malum Metelli. Von den Gesetzen des wahren alten rythmischen Saturnius hatte dieser Versmacher nicht die geringste Ahnung. Von ganz gleichem Schlage ist der angebliche Saturnier, den Schuch, de poesis latinae rhythmis et rimis S. 29 als echt naevianischen Vers aus einem antiken Metriker anführt:

Trahúntque síccas náves || máchinae carínas.

Bei diesem Beispiel ist es klar auf der Hand liegend, dass der Metriker einen bekannten Horazvers leicht verquert hat, um seinen Muster-Saturnius zu bilden.

8. Sonstige Saturnier guten Stiles:

Dábunt málum | Metélli || Naévió | poétae

Térra péstem | tenéto || sálus híc | manéto

In diesem Vers wird ohne jeglichen Beweis von den quantitierend Messenden ein langes a in sálus statuiert, oder man liest gar mit Havet: || sâlus hic manéto — wahrlich ein ganzer Schwarm von Ungeheuerlichkeiten!

Séptem díes | in célo *) || lúno | Covélla

Cúme tégme | Leucétie || praí tod trémont . .

Énos Láses | iuváte |
Sins incúrrer(e) | in flóres **) |
|| ádvocápit cúnctos
Énos Mármar | iuváto ||

Da die Worte advocapit conctos verderbt scheinen, so lässt sich nicht sagen, dass wir sichere Spuren für beide Halbzeilen des

*) Für diesen Vers statuiert man eine archaische Länge des a in calere (Christ Metrik² S. 372).

**) Jordan krit. Beiträge S. 211 construiert unter Verletzung der Hauptpause: Ne lue rue Mármar sins incúrrere in pleores.

strengen Saturnius im Arvalliede haben, ebenso wenig im Saliarlied; beide Gesänge entstammen wohl der ersten Periode des saturnischen Rythmus.

Flámen sóme | comméntum ||
|| véterés | Casménas

Fúndit fúgat | prostérnit || máxímás | legiónes
Dvéllo mágno | dírimendo || régibús | subigéndis
Mágnum númerum | triúmphat || hóstibús | devíctis

. . quámvis | novénium || dvónum négumáte

Quási méssor | per méssem | únum quódque spícum (Festus p. 383 Müll.)

Hae sunt dúo | concórdes ||
Frúge bóna | púdica ||
Rógo te mi | viátor || nóli mí | nocére

Ich will jetzt nur noch hervorheben, dass man auch, im vollständigen Widerspruch mit dem Schema dabunt malum Metelli in den Denkmälern C. I. L. I 32, 6 und 1175, 4 vier Arsen in Einer Vershälfte statuiert hat:

32, 6: Dedet Tempestátebús || (Allen)
Dedét Témpestátebús || (Bartsch)
Andere: Dedét Témpestátebus || (Bücheler)
Oder: Dedét Témpestáte || bús aíde mérito(d) votam| (Ritschl, s. C I L I S. 18).
1175, 4: Doná danúnt Hercolei || (Allen)

Erinnern wir uns, dass ausser den hier angegebenen viererlei Messungen von 32, 6 auch schon eine fünfte noch schlimmere erwähnt worden ist:

Dedét Tempéstatébus || (Spengel und Buchholtz);

ziehen wir weiter in Betracht, dass Havet (S. 223) gar Dedet als tonlose Anacrusis auffasst, so haben wir wieder ein hübsches und hoffentlich jeden, der noch nicht selber über den Saturnius geschrieben hat, auch überzeugendes Exempel dafür, dass es kaum etwas elastischeres gibt als die hergebrachte quantitierende Auffassung des römischen Saturnius.

Anhang.

Das Capitel über den Saturnius aus den muthmasslichen Excerpten aus Caesius Bassus
(Gramm. Lat. ed. K. VI 1 p. 265 f.)

De saturnio versu dicendum est, quem nostri existimaverunt proprium esse Italicae regionis, sed falluntur. A Graecis enim varie et multis modis tractatus est, non solum a comicis, sed etiam a tragicis. Nostri autem antiqui, ut vere dicam quod apparet, usi sunt eo non observata lege nec uno genere custodito, ut inter se consentiant versus, sed praeterquam quod durissimos fecerunt, etiam alios breviores, alios longiores inseruerunt, ut vix invenerim apud Naevium, quos pro exemplo ponerem. Apud Euripidem et Callimachum et quosdam antiquae comoediae scriptores tale inveni genus,

Turdis edacibus dolos comparas amice;

apud Archilochum tale,

Quem non rationis egentem vicit Archimedes,

et tertium genus,

Consulto producit eum quo sit impudentior.

Apud nostros autem in tabulis antiquis, quas triumphaturi duces in Capitolio figebant victoriaeque suae titulum saturniis versibus prosequebantur, talia repperi exempla: ex Regilli tabula

Duello magno dirimendo regibus subigendis,

qui est subsimilis*) ei quem paulo ante posui,

Consulto producit eum quo sit impudentior.

in Acilii Glabrionis tabula

Fundit fugat prosternit maximas legiones.

Apud Naevium poetam hos repperi idoneos.

Ferunt pulchras creterras**) aureas lepistas,

et alio loco

Novem Iovis concordes filiae sorores.

Sed ex omnibus istis, qui sunt asperrimi et ad demonstrandum numerum accommodati, optimus est quem Metelli proposuerunt de Naevio aliquotiens ab eo versu lacessiti,

Malum dabunt Metelli Naevio poetae.

Hic enim saturnius constat ex hipponactei quadrati iambici posteriore commate et phallico metro. Hipponactei quadrati exemplum

---

*) Diese Behauptung ist sehr sonderbar.

**) vas pulchros crateras.

Quid immerentibus noces, quid invides amicis?

Nam „malum dabunt Metelli" simile est illi „quid invides amicis", cui detracta syllaba prima facit phalaecion metrum, „invides amicis". Ex quibus compositus est hic saturnius, ut sit par huic,

Quid invides amicis, invides amicis,

hoc modo,

Malum dabunt Metelli Naevio poetae.

Das saturnische System Havet's

(nach seinem Buche S. 7 ff).

„Leges Saturnii quae fuerint."

Saturnius constat ex sex pedibus cum anacrusi; caesura numquam caret; haec habet locum aut post tertii pedis thesin, ut

Da|bunt ma|lum Me|TELLI || Naevi|o po|etae

aut, quod rarius fit, post eiusdem arsin, ut

Co|rinto | dele|TO || RO|mam rediet tri|umphans.

Ubi caesura post arsin est, fit insequens thesis quodammodo anacrusis alterius hemistichii.

Arses singulae aut ex longa singulis constant, ut

Da|BUNT ma|LUM Me|TELli || NAEvi|O po|Etae

aut ex brevibus binis, ut

Si|CILIen|ses pa|cisset || obsi|des ut | reddant
A|mnem Tro|IUGEnas | FUGE||Can|nam ne te | ALIe|NIGEnae
Bene | rem ge|ras et | VALEas | dormi|es sine|cura
Noc|tu Tro|iad ex|ibant || CAPIti|bus o|pertis
Ho|nos fa|ma vir|tusque || gloria | atque in|GENIum

Anacrusis prioris hemistichii, item in versibus qui caesuram post arsin habent illa thesis quae quasi alterius hemistichii anacrusis est, constat aut ex brevi, ut

HO|nos fa|ma vir|tusque || gloria | atque in|genium
Quot|annis | comitiis || A|polli|ni | fiant

aut ex longa, ut

CON|sol cen|sor aedilis || qui fu|it a|pud vos
Co|rinto | dele|to || RO|mam redi|et tri|umphans

aut ex duabus brevibus, ut

DECU|ma fac|ta po|loucta || leibe|reis lu|bentes
Ob|liti | sunt Ro|mae || LOQUI|er lin|gua la|tina

Theses hemistichiorum antepaenultimae itidem aut ex brevi constant, ut

Gnaivod PAtre prognatus || fortis vir sapiensque
Quoiei vita defecit || non HOnos honore

aut ex longa, ut

Hoc est FACtum monumentum || Maarco Caicilio
Quantam columnam quae res tuas GEStas loquatur

aut ex binis brevibus, ut

Magnum NUMErum triumphat || hostibus devictis
Corinto deleto || Romam REDiet triumphans

Thesis posterioris hemistichii ultima, item thesis prioris hemistichii ultima quam caesura sequitur, constat ex una syllaba aut brevi aut longa, ut

Gnaivod patre prognatus || fortis vir sapiensQUE
Consol censor aidilis || quei fuit apud VOS
Honos fama virtusQUE || gloria atque ingenium
Dabunt malum Metelli || Naevio poetae

In breves duas solvi nequit.

Thesis utriusque hemistichii paenultima et corripi et produci et solvi potest, ut

Ne quairatis HOnore || quei minus sit mandatus
Terra Pabli PROgnatum || Publio Cornelio
Facile facteis SUPEraseis || gloriam maiorum
Quoiei vita defecit || non honos HOnore
Hospes gratum est quom apud deos || restitisTEI sedes
Bene rem geras et valeas || dormias SINEcura

In hoc theses paenultimae antepaenultimis anacrusibusque sunt similes, neque ab aliis thesibus differunt, quibus sociati poetae utuntur. Sed et saturnii versus et illius in eo loci proprium est, quod *theses paenultimae omnino omitti possunt* *). Arses scilicet quae praecedunt extenduntur usque ad terna tempora atque solae per se pro integris trochaeis sunt; tum eas perspicuum est numquam solvi posse, quo fit ut singulae syllabae totos pedes expleant. Frequentior theseos paenultimae detractio in posteriore hemistichio quam in priore, perrara in utroque simul:

Saepe: Taurasia Cisauna || Samnio cepit
Aliquando: Aetate QUOM parva || possidet hoc saxum
Perraro: Res divas edicit || praedicIT castus

Numquam autem versus reperitur, in quo arsis et theses vel theses

---

*) Aber auch die letzte Thesis jedes Hemistichs erlaubt nach Havet zu unterdrücken; danach misst er:

Populi primariUM || fuise viRUM

et arses deinceps solvantur. Nullum igitur exemplum est pedis proceleusmatici.*) Hic tamen in versibus poetarum scaenicorum admittitur, nec dubium videtur quin in saturnio quoque recipi potuerit. — Quaternae vel quinae breves deinceps positae pedem et semipedem efficiunt, ut

SI LUCI|Os homines || belliqne martes.

Amnem Tro|IUGENA | FUGE || Cannam, ne te alienigenae.

Saturnius cum in singulis hemistichiis ternas arses habeat, non in priore binas in altero quaternas, hexameter est, non trimeter, saxireque debet fieri, quare eo usi sunt Livius Andronicus et Naevius cum versus Graecorum heroicos aut latine verterent aut imitarentur. Habuerunt etiam Latini disticha saturnia dactylicis similia, id est, quae constarent ex hexametro et duobus trimetris catalecticis, ut

Hunc | unum | plurimae |. consentiunt | gentes
Populi pri|marium || fuisse virum

In antiquissimis temporibus versus fuerunt, qui saturnum hexametri prius hemistichium aequabant, ut

E | nos Lases iuvate.

Temporibus illis, quibus Latini poetae versus saturnios condebant, pronuntiatio vocalium et syllabarum ab ea longe differebat, quae scribentibus Horatio, Vergilio, Ovidio in usu fuit.

Syllaba brevis, quae vocis efficit initium, longam consequentem communem facit paRISSuma, feROCia etc

in disyllabo synaloepham patiente: tibi Liber, sacra IN mensa;
in monosyllabo: quod IN bello verat.

Non fallor versus, in quibus longa pro brevi posita est, ii sunt qui Caesio Basso videbantur schemate illo esse longiores.**)

Syllaba brevis, quae vocis exitum efficit, si sub arsi est, necessario producitur, ut

Dein|DE pollens sagittis || inclitus arquitenens
Subi|GIT omne Loucanam || opsidesque abdoucit
Cairo tu|A nam | mihi sta || Iuppiter | fatust

---

*) Incerta enim, immo falsa haec sunt: Decemviri graeco ritu hostiae SACRA FACIANT (SACRA dele), Romanos aquam Albanam | CAVE LACU | contineri (lege ALBANAM CA|VE); Quamdam statuam facent TIBI POPULus romanus (lege POPLUS, praetereaque leni TIB|I), . . . FEMINA OPTUMA VEIXSIT (lege OPTUMA), NEQUE TAMEN te obliti sunt Laertes noster (melius traditur NEQUE ENIM)

**) Unsere gewiss natürlichere Deutung jener Worte s. oben im Zusammenhange unserer Darstellung

Similia apud poetas scenicos perrara, in Ennii hexametris saepe reperiuntur.

Ergo syllaba brevis in arsin hemistichii paenultimam accipit, sola per se pro trochaeo esse potest, ut

Neque enim te oblitus | sum || Laerti|E | noster

Syllaba longa vel brevis, quae vocis exitum efficit, si sub arsi est, hiatum cum insequente vocali facere potest, ut

Honestr|AE ho|nestae || stabant | in | ilustris
Simul duo|NA e|orum || portant | ad | navis

In caesura et post arsin et post thesin promiscue hiatur. Extra caesuram post arsin plerumque fit synaloepha, ut

Subigit omne Lou|canam || opsides Q(UE) ab|doucit

Post thesin perraro aut in caesura fit synaloepha aut extra caesuram hiatus. Apud poetas scenicos, ut videtur, hiatus et post arsin in medio hemistichio et post thesin in caesura admittebatur; extra caesuram quoque cum in multis Plauti locis quos omnibus modis admotis plerique doctorum per fas et nefas immutare conantur, tum in trimetro Naevii quem hiatus causa diserte laudat Cicero. *)

Temporibus priscis multae vocales ante vocales positae longae erant, quae postea correptae sunt: sic apud Plautum I producitur in „fieri“, apud Ennium U in „fuimus.“ Item vocales erant quas postea pro consonantibus acceptas invenimus: sic apud Plautum „larua“ trisyllabum est. Genetivi pronominalium in „ius“ exeuntes modo trochaeum efficiebant, modo pyrrhichium. Talia in saturniis non deficiunt, ut fieri, fuit, artuaque, fite

Alia, eaque minoris momenti, infra suo loco tractabuntur.

Vocales vocum singularum ultimae cum ob causam quae infra declarabitur partes solutae arseos vel solutae theseos esse vix possint, nisi praecedens syllaba et brevis sit et eiusdem vocis initium, perraro apud poetas scenicos et in carminibus saturniis vox talis, qualis „omnia“ est, trochaeo vel iambo substituitur; itidem vox talis, qualis „facile“ est, in paenultima syllaba vix potest feriri. Sic igitur legendum:

Faci|LE fac|tis superases | gloriam maiorum
non: Fa|CILE fac|tis etc.

---

*) Diese gewiss richtigen Behauptungen über Plautus und über die Trimeter des Naevius liefern uns eine sehr wichtige Bestätigung unserer eigenen übrigen Wahrnehmungen beim den Hiatus bei Livius, Naevius und in den ältesten Saturnus-Inschriften.

Quod scenici poetae in senariis septenariisque observant, ut vox molossica potius antepaenultimam et paenultimam accipiat arses, quam quartam ab exitu et antepaenultimam, aliaeque eiusmodi religiones sunt de verbis spondiacis aut in spondeum exeuntibus, *tanta fortasse* subtilitas in saturnio numero non quaerenda est. Nam in versibus scenicis singula metra unam arsim validiorem, alteram debiliorem continent, in saturniis tot sunt metra quot arses.

Vis accentus in saturnio nulla est. Etiam in comicis versibus quod vulgo ad accentum referunt, id ex alia causa duci et potest et debet.*) Neque ante Commodianum, qui circa annum post Christum 250 scripsit, quisquam poeta quicquam accentui tribuit, nisi fortasse unus et alter excipiendus est eorum semidoctorum hominum, a quibus inscriptiones metricae confectae sunt. Hic enim de poetis loquimur qui iustos libros conscripserunt.**)

Das Havet'sche Schema wäre also folgendes:

Dabunt malum Metelli Naevio poetae

Man sollte denken, dass dieses Schema schon mannigfaltig genug wäre, um alles mögliche Material (selbst **Hexameter und jambische Senare**) als richtig gebaut zu verzollen, auch ist die

---

*) So falsch die Behauptung betreffend die saturnischen Verse ist, so richtig wird der Satz über die Komiker sein: in den gleichdauernden metrischen Gedichten der Kunstdichter scheint auch mir während der ganzen classischen Zeit keine Einwirkung des Wortaccents bemerklich, auch Plautus macht, wie mir scheint, in dieser Hinsicht keine Ausnahme.

**) Aber gerade die Dichter vieler saturnischen Verse waren eben keine poetae qui iustos libros conscripserunt. Und selbst diejenigen, welche notorisch iustos libros conscripserunt, repräsentieren die rohen Anfänge der römischen Litteratur.

Differenz zwischen mancher hier statuierten Variante und jenem saturnischen Musterverse schon stark genug:

a) ⏑ | ⏊ ⏑ | ⏊ ⏑ | ⏊ — ‖ ⏊ ⏑ | ⏊ ⏑ | ⏊ —
b) ⏑ ⏑ | ⏊ — | ⏊ | ⏊ ‖ ⏑ | ⏊ — | ⏊ | ⏑ ⏑ —

a) = Dabunt malum in Havet'scher Manier gelesen,
b) ein nach obigen Variationen möglicher Saturnius Havetianus.

Trotzdem nun also bereits genug Zumuthungen an die gesunde Vernunft gestellt zu sein scheinen und sich Havet wahrhaftig mit grosser Freiheit ein sehr weites Schema ausgesonnen hat, dennoch sieht er sich, wie wir erfahren haben, genöthigt, alle möglichen prosodischen Hypothesen aufzustellen, und wenn wir diese Hypothesen einfach verwerfen und uns an den allgemeinen Gebrauch halten, so finden wir, dass in Wirklichkeit das Havet'sche Schema noch viel dehnbarer ist: wir treffen nämlich bei ihm in Wirklichkeit Verse folgender Art (ich setze einen Saturnius zusammen ohne Rücksicht auf den Sinn, aber so dass jedes Wort die ihm gelegentlich von Havet zugewiesene Stelle erhält):

Făcĭlĕ fămāqu(e) ărvăquĕ | fūnĕrĕ vĭrōm
also ⏑ ⏑ | ⏑ — | ⏑ — | ⏑ ⏑ ‖ ⏑ — — ⏑ ⏑ ⏑

Havet freilich misst facile, famaque, arvaque, funere, so erhält er den Vers:

⏑ ⏑ | ⏊ — | ⏊ ⏑ | ⏑ ⏑ ⏑ ‖ ⏊ — | ⏊ ⏑ | ⏑
fácĭlĕ fămáqu(e) árváquĕ | fúnĕrĕ vírōm

Ich glaube, wer die Augen nicht absichtlich verschliesst, dem muss doch klar sein, dass im Havet'schen System eine unglaubliche Summe von Willkürlichkeiten aufgestellt ist.

Zum Beweis, dass der von mir für die Scipionenepitaphien aufgestellte Rythmus ein natürlicher ist, der sich auch sonst noch findet, während dies von der gewöhnlichen (Ritschl–Havet'schen) Auffassung jener Saturnier nicht bewiesen werden kann,*) führe ich einige analoge Verse aus dem Canzoniere Portoghese della Vaticana (XIII.–XIV. Jahrhundert) an. Ich verdanke sie Herrn Professor Cornu.

Lat. Ís hic sítus | quei núnquam || víctus est | virtútei
Ánnos gnátus | vigínti || is lóceis | mandátus

*) Denn den Versuch eine Analogie zwischen dem Ritschl'schen Saturnius und der Nibelungenstrophe nachzuweisen hat Ritschl selber, wenn ich nicht irre, für missglückt erklärt, ebenso thut es Christ Metrik² S. 382.

Port. (Nr. 468 Romanze):

Désfhir | enviárom || óra dé Tudéla
Filhos de dom | Ffernando || del réy de | Castela
E aquésto | lhes fázo || por partír | perffia
E fazéde | de guísa que ja nénn | meu dínio
Sse quiséren | en trégoa || dádelha | por hum ano

(Nr 753 kleines Volkslied):

Pór ribéyra | do álto || vi remár | o bárco.

Auch die griechische Litteraturgeschichte zeigt von Anbeginn an nicht bloss das metrische, sondern auch das rythmische Princip Denn jenes uralte lesbische Volkslied aus dem siebenten Jahrhundert v. Chr kann in Wahrheit nur accentuierend aufgefasst werden: *)

ἄλει, μύλα, ἄλει,
καὶ Πιττακὸς γὰρ ἄλει,
μεγάλας Μυτιλάνας βασιλεύων.

Máhle, Múhle, máhle:
Denn Pittakós auch máhlte,
Der Kónig wár im gróssen Mytiléne.

Pittakos war nach Suidas im J. 651 v Chr geboren

Hieher wird auch der Spruch zu rechnen sein, den die attischen Kinder hersagten, wenn sie Vögel sahen — es sind wohl die Schwärme der ankommenden Zugvögel im Frühjahr gemeint; — sie pflegten dann zu einander zu sagen:

δὸς τὸ σκέλος τῇ πέρδικι καὶ πεσοῦνται τὰ ὄρνεα,
d. h. δός το σκέλος τῇ πέρδικι
καί πεσοῦνται τὰ ὄρνεα.

Die Verse stehen beim Scholiasten zu Aristoph Vögel 34, und sind zwar bis jetzt noch nicht als Verse erkannt worden, aber wenn wir die römischen Kinderverse und unsere eigenen deutschen damit zusammenhalten, wird kaum bezweifelt werden können, dass es wirklich Verse sein sollen Es sind zwei katalektische trochäische Dimeter mit rythmischer Betonung bei σκέλος, und mit wahrscheinlich absichtlichem Endreim. Ist unsere Auffassung richtig, so haben wir daran ein auf das fünfte Jahrhundert v. Chr zurückgehendes Beispiel: denn im Texte des Aristophanes selber wird deutlich auf die Verse angespielt.

Weiter zeugen, wie ich glaube, rythmische Beeinflussung die Kinderspielverse bei Pollux IX 125:

χελιχελώνη, τί ποιεῖς ἐν τῷ μέσῳ;
ἔρια μαρύομαι καὶ κρόκαν Μιλησίαν.
ὁ δ' ἔκγονός σου τί ποιῶν ἀπώλετο;
λευκᾶν ἀφ' ἵππων εἰς θάλασσαν ἅλατο.

Hier ist in V. 1 und 3 τί als Länge behandelt, was sich eben am einfachsten aus rythmischer Beeinflussung erklärt. Auch der Gleichklang am Ende der beiden letzten Verse: ἀπώλετο—ἅλατο erinnert an den eben besprochenen Kindervers.

Einen weiteren wahrscheinlich accentuierenden Vers erkennt Christ, Metrik² S. 374 in einer athenischen Inschrift des dritten Jahrhunderts C. I. G. I 531. Somit fehlt es auch für Griechenland nicht an Beweisspuren für den an sich wahrscheinlichen Satz, dass die quantitierende Verskunst erst durch die Kunstdichter aufgebracht worden ist, während das Volk von der Urzeit her accentuierend dichtete und sich das Recht accentuierend zu dichten oder doch accentuierende Gedichte fortzupflanzen niemals völlig entziehen liess, bis schliesslich gerade wie im Lateinischen so auch im Griechischen das echt volksthümliche Princip über das künstliche den Sieg errang.

Eine ganze Reihe lateinischer Gedichte mit ausserordentlich starker Berücksichtigung des Wortaccents finden sich zusammengestellt hinter der L. Müllerschen Ausgabe des Rutilius Namatianus, Leipz. 1870. Es sind meistens volksthümliche Gedichte der Kaiserzeit. Ich will die auffallendsten Verse hier anfügen:

S. 28. Bácche vítis tú repertor plénis ádsis vítibus
Cónditúmque fác vetústum ut malígnum vénulam.
S. 29: Múlier íntra péctus ómnis célat vírus péstilens
Sic Apóllo déinde Líber síc vidétur ígnifer
Créscit árbor glíscit árdor ánimus ímplet lítteras
S. 30: Sólus aút rex aút poéta nón quotánnis náscitúr
S. 32: Calpúrnilláe sálve próperis vérsibus
Nitélas óris éx Arábicis frágilis
Restrícta fórte sí labélla ríseris
S. 33: Nec fuísti quóndam Athénis párvus átque abstémius
S. 40. Atque ílle poéta Faliscus
Cum lúdicra cármina pángit
Uva úna est úva Falérna
A flúmine vásit Orénti

S. 45: Labeámque insígnem revéllit
S. 47: Occásio óccasátioít
Non dígnus in quem débeam
Ímmolámus póculá
S. 52: Sed ét volúmen éxplicát
Ut prídem Avítus Álphabét
Conscribit éxcelléntium
Tum lítterálem créditó
Extráque mári dícere
Seu túte mártis hóspités
S. 53: Sed díva fláva et cándidá
Quo cóndiíricta nóminé
S. 54: Natúra sic est íntimata
Ut óbviis ínsignés
Endlich das Gedichtchen (S 33 f.):
Dum semihiúlco sávió
Meum (meo codd) puéllum sávior
Dulcémque flórem spíritús
Duco éx apérto trámité
Anima aégra (amore) et saúcia
Cucurrít ad labias míhi
Rictúmque in óris pérvium
Et lábra púeri móllia
Rimáta itíneri tránsitús
Ut transilíret nítitur
Tum sí moráe quid plusculáé
Fuisset in coetu óscúli
Amóris igni pércita
Transisset ét me línqueret
Et míra prórsum rés foret
Ut ad me fíerem mórtuus
Ad púerum intus víverém.

Druckfehler:
S. 33 Z. 5 v u lies *Pópuli* statt *Pópuli*

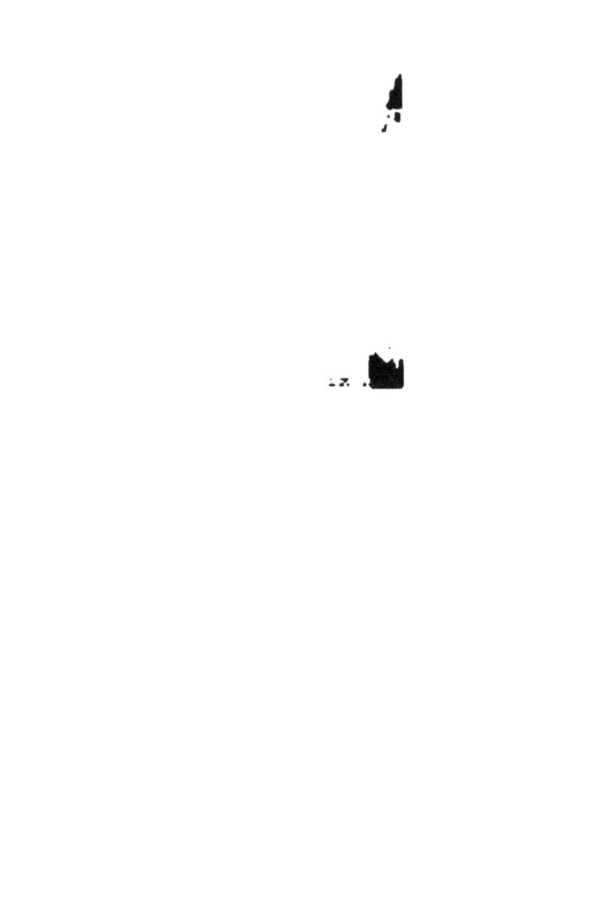

DER

SATURNISCHE VERS,

ZWEITE ABHANDLUNG,

VON

OTTO KELLER,

PROFESSOR AN DER K. K. DEUTSCHEN CARL-FERDINANDS-UNIVERSITÄT

PRAG, 1886.

VERLAG VON H. DOMINICUS.

DEN HERREN PROFESSOREN

WESTPHAL, THURNEYSEN UND RAMORINO

ZUM FREUNDLICHEN GRUSSE

Meine Schrift über den saturnischen Vers hat hinsichtlich des allgemeinen Princips, welches in ihr verfochten und zum erstenmal eingehend begründet war, mehr Anklang bei der Kritik gefunden, als ich zu erhoffen gewagt hatte. Rudolf Westphal (Götting'sche gelehrte Anzeigen 1884 Nr. 9), Hugo Gleditsch (Wochenschrift für klassische Philologie 1884 Nr. 2), G. A. Saalfeld (Jahrbücher für Philologie und Pädagogik II. Abth. 1884 S. 61 ff.), Felix Ramorino (Ad O. Kelleri opusculum etc. excursus, Aug. Taurin. apud Loescher 1883), Rudolf Thurneysen (Der Saturnier etc., Halle 1885), sie alle sind darin einig, dass die quantitierende Messung der ältesten römischen Poesie eine Ungeheuerlichkeit sei, die vor einem nicht voreingenommenen Richter unmöglich bestehen könne. In der mit grosser Ruhe und Kaltblütigkeit abgefassten Schrift von Thurneysen findet sich folgendes gewiss unanfechtbare Verdict (S. 3 f.): ... „alle die fraglichen kurzen Vocale als ursprünglich lang anzusetzen, gieng doch nicht wohl an. So wird von Neueren, wie von Havet und Lucian Müller, die Regel aufgestellt, dass kurze Vocale durch die Arsis gedehnt werden können, und zwar nicht nur an einer, sondern an verschiedenen Stellen des Verses. Mit diesem Eingeständnis unerklärlicher Kürzen zerbrechen sie aber die letzte Stütze der quantitierenden Erklärung. Denn da die Thesis fehlen oder durch eine Doppelkürze vertreten sein kann, wäre durchgehende Länge der Arsis das einzige Thatsächliche, das für das quantitierende Princip spräche. Es ist in der That schwer sich einen nicht quantitierenden Vers vorzustellen, der auf diese Weise nicht als rein quantitierend erklärt werden könnte."

Trotzdem wagt noch L. Müller in seinem Buche, Der Saturn. Vers und seine Denkmäler, Leipzig 1885, nach dem Erscheinen sowohl meiner als Thurneysens Schrift, die alten Messungen Runcus atquĕ Purpúreus (S. 68), ne quairatis honóre (S. 164) und unzähliges Gleichartige wiederum einem gläubigen Publikum zu empfehlen. Doch von diesem leicht*) gearbeiteten Buche und den darin auf-

*) Mit welcher Leichtfertigkeit in dem breitgeschlagenen Buche Behauptungen aufgestellt sind, die eigentlich mit dem saturnischen Vers gar nichts zu thun haben, sieht man an dem Satze S. 23, wo mit gesperrter Schrift gesagt ist, dass ich bloss 3 Conjecturen in die Horazausgabe von 1864 (Bd. I) aufgenommen habe, während in der That gegen 20 aufgenommen sind.

gestellten lächerlichen Behauptungen wollen wir im Nachfolgenden mit einer einzigen bedeutenden Ausnahme *) ganz absehen. Es hat unseres Erachtens bloss historischen Wert, als hoffentlich letzter, sich selbst verurtheilender Auswuchs der quantitierenden Theorie. Wer durchaus in den alten unglaublichen Auffassungen beharren will, möge sich es immerhin als Evangelium wählen **)

Also die Thatsachen bleiben bestehen: Es fehlt erstens an jeder faktischen Grundlage für das quantitierende Princip und zweitens kann man mit den von den Neueren aufgestellten Licenzen den nächsten besten nicht quantitierenden Vers als rein quantitierend erklären.

Es erhebt sich nun andererseits die Frage, warum denn die alte römische Poesie nicht als accentuierend aufgefasst werden soll? Bestehen irgend welche innere Gründe für ein solches Axiom? Die Antwort lautet: Weil die spätere griechisierende Poesie, seit Ennius, bloss noch das quantitierende Princip kennt, deswegen kann vorher auch kein anderes Geltung gehabt haben.

Dagegen darf wohl erwidert werden: Auch in anderen Phasen der römischen Entwicklungsgeschichte zeigt sich dasselbe, was die accentuierende Auffassung in der Poesie statuiert: zuerst selbständige, eigenartige und kühne Entwicklung, dann Zurückdrängung durch griechischen Einfluss, Einzwängung in griechische Normen bis zu sklavischer Abhängigkeit von den griechischen Vorbildern, schliesslich allgemeiner Durchbruch und Sieg der echten, lange hindurch latenten volkstümlichen Elemente.

Werfen wir einen Blick auf die Sprachentwicklung, auch hier ist es oft schon bemerkt, häufiger aber noch verkannt worden, dass eine Masse Erscheinungen, die erst in der spätesten Zeit allgemein und regelmässig werden, schon in der ältesten Epoche vor dem Siege der übermächtigen hellenischen Cultur vorhanden gewesen sind.

---

*) Bei der Besprechung der Saturnier des Livius und Naevius werde ich die Varianten L. Müllers regelmässig beisetzen, damit man sieht, dass L. Müller mindestens ebenso viel wie wir an der Überlieferung ändern muss, um die oft eben recht schlecht überlieferten Fragmente in sein Schema zu bringen.

**) Besondere Beachtung scheint mir nur das Citat (S. 14) aus Victorinus VI 206 zu verdienen: „Metro quid videtur esse consimile? rythmus. rythmus quid est? verborum modulata compositio non metrica ratione, sed numerosa scansione ad iudicium aurium examinata, ut puta veluti sunt cantica poetarum vulgarium." Demnach war zu Victorinus Zeit die lateinische Volksdichtung rythmisch.

Ich erinnere an *i* für griechisch οι in *anquina* ἀγκοίνη, *incile* ἔγκοιλος, *vicus* οἶκος, *vinum* οἶνος, *u* für griechisch ο und *u* für griech. ο in den uralten Wortformen Ulixes und Pulixena (Quintilian), an *i* für *oe* in *pomerium*, an *e* für *ae* in *obscaenus*, an *ae* für *oe* in *paena*, *paenitet*, an das mit dem französischen *e* in *mettre* stimmende *conpromesise* des Senatusconsultum de Bacchanalibus, an *i* für *u* in der Urzeit in [illegible], entspr. ital. [illegible], an die Inschriften des pisaurischen Haines, wo lateinische Colonisten aus der Gegend von Minturnae bereits dieselben abgeschliffenen Wortformen anwenden wie das heutige Italienische. Und bei der Syntax zeigt sich dem feineren Beobachter das ganz Gleiche. *Plus miser*, *plus habens* bieten schon die ältesten Autoren: diese im Romanischen so ganz gebräuchliche Umschreibung des Comparativs verschwindet während der Epoche der goldenen Latinität, um gegen Ende des zweiten Jahrhunderts nach Chr. von Tertullian u. a. wieder in die Schriftsprache eingelassen zu werden. Wenn wir also behaupten: Auch mit der Poesie ist es nicht anders gewesen, die später siegreiche accentuierende Dichtweise ist nicht einfach vom Himmel gefallen oder etwa aus Syrien importiert worden, sondern sie ist urwüchsig lateinisch und war nur während der griechischen Litteraturherrschaft zurückgedrängt, ohne dass jedoch das Volk sich das alte Gut ganz entreissen liess, so stellen wir damit keineswegs eine analogielose und unerhörte Behauptung auf, sondern wir sprechen damit nur einen Satz aus, der überhaupt dem Entwicklungsgange des römischen Volks entspricht. A priori lässt sich somit gegen die Möglichkeit oder Wahrscheinlichkeit der accentuierenden Auffassung nichts stichhaltiges einwenden, während auf der andern Seite die Behauptung, dass das älteste, ausdrücklich als roh bezeichnete Versmass der Lateiner quantitierend gewesen sei, allerdings ebensogut aufgestellt, aber ebensowenig irgendwie stichhaltig bewiesen werden kann. Denn die Auffassung der späteren Metriker, welche über den Saturnius geschrieben haben, wurde von keinem einzigen der Gelehrten, die in unseren Tagen über den Saturnius geschrieben haben, als durchaus richtig angesehen. Es ist nur ein Gradunterschied hinsichtlich des verwerfenden Urtheils, wenn wir sagen, das ganze Schema sei ein Missverständnis, die Musterverse selbst seien richtig überliefert, aber falsch interpretiert.

Soviel im allgemeinen über die Berechtigung den saturnischen Vers überhaupt als accentuierend aufzufassen. In dieser allgemeinen Rücksicht stehen auf meiner Seite von früheren grossen Männern, die für Poesie ganz besonders ausgeprägten Sinn hatten, u. a. Petrarca und A. W. von Schlegel.

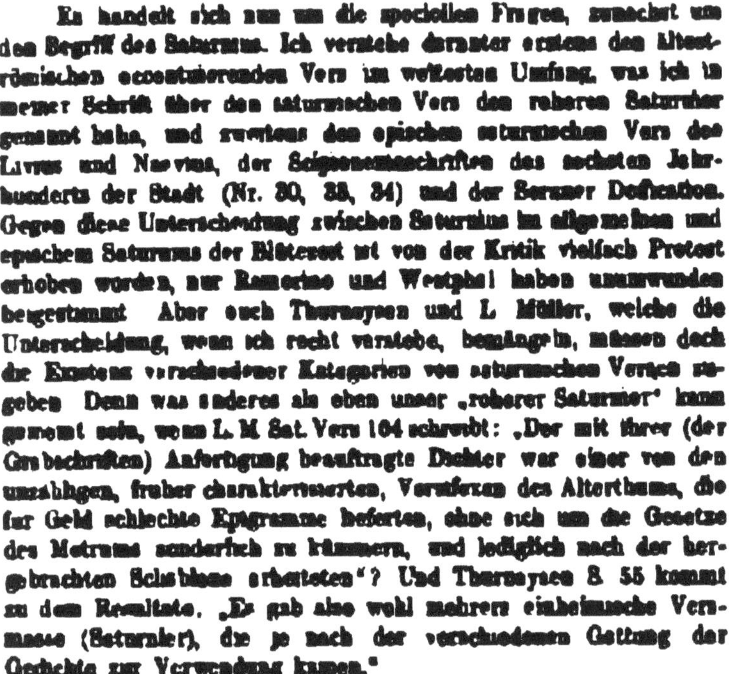

Es handelt sich nun um die speciellen Fragen, zunächst um den Begriff des Saturnius. Ich verstehe darunter erstens den altrömischen accentuierenden Vers im weitesten Umfang, was ich in meiner Schrift über den saturnischen Vers den roheren Saturnier genannt habe, und zweitens den epischen saturnischen Vers des Livius und Naevius, der Scipionengrabschriften des sechsten Jahrhunderts der Stadt (Nr. 30, 33, 34) und der Soraner Dedication. Gegen diese Unterscheidung zwischen Saturnius im allgemeinen und epischem Saturnius der Blütezeit ist von der Kritik vielfach Protest erhoben worden, nur Ramorino und Westphal haben unumwunden beigestimmt. Aber auch Thurneysen und L. Müller, welche die Unterscheidung, wenn ich recht verstehe, bemängeln, müssen doch die Existenz verschiedener Kategorien von saturnischen Versen zugeben. Denn was anderes als eben unser „roherer Saturnier" kann gemeint sein, wenn L. M. Sat. Vers 104 schreibt: „Der mit ihrer (der Grabschriften) Anfertigung beauftragte Dichter war einer von den unzähligen, früher charakterisierten, Versifexen des Alterthums, die für Geld schlechte Epigramme lieferten, ohne sich um die Gesetze des Metrums sonderlich zu kümmern, und lediglich nach der hergebrachten Schablone arbeiteten"? Und Thurneysen S. 55 kommt zu dem Resultate: „Es gab also wohl mehrere einheimische Versmasse (Saturnier), die je nach der verschiedenen Gattung der Gedichte zur Verwendung kamen."

Natürlich lassen sich für den Saturnius im allgemeinen Sinne nur die allerallgemeinsten Gesetze aufstellen, es ist eben accentuierende Poesie in vielerlei Variationen, bald zutreffend an den epischen Saturnius, bald weit von ihm abliegend. Es ist nichts stabiles zu bemerken, als das Zerfallen in mehrere ziemlich gleich grosse correspondierende Verstheile, so dass die Zahl der Accente in einem und demselben Verse ganz stricte zu entsprechen pflegt, wie z. B. bei der Plautus-Inschrift, dann das Verbot der Pausenverletzung, die Vermeidung einer Tonsylbe am Verstheilschluss, die Gestattung des Hiatus (wenigstens für die älteste Periode), sowie höchst wahrscheinlich auch das Verbot des Zusammenstossens von Tonsylben. Was die Unterdrückung tonloser Sylben und das Zusammenstossen betonter Sylben betrifft, so ist allerdings wohl zu erwägen, was Gleditsch a. a. O. S. 45 eingeworfen hat: „Warum sollte der accentuierende Versbau der italischen Völker nicht gerade so wie der der germanischen den Schritt von der härteren Form mit zusammenstossenden Tonsylben zu der geschmeidigeren mit regelmässigem Wechsel von betonten und unbetonten haben machen können?"

Doch hat auch Mimset, Le rythme du vers Saturnien, der ganz unabhängig von mir die Frage untersuchte, keine zusammenstossenden Tonsylben statuiert. Westphal und Thurneysen dagegen behaupten gleichfalls wie Gleditsch, das Zusammenstossen betonter Sylben sei im Saturnius nicht verboten gewesen, und speciell für den gesungenen Saturnius der Carmina nimmt Westphal den ausgedehntesten Gebrauch des Accentzusammenstossens in Anspruch. Dieser gesungene Saturnius würde jedenfalls auch dem Rythmus beizuzählen sein, den ich a parte potiori den roheren genannt habe, oder mit anderen Worten, er würde ausserhalb des Rahmens des epischen Saturnius im engeren Sinne fallen.

Ganz anders als mit dem „roheren Saturnius“ oder den archaischen rythmischen Versen im allgemeinen steht es mit dem „strengen“ saturnischen Verse, der zwar nicht in vielen ganz unanfechtbaren Beispielen vorliegt, doch immerhin ist die Zahl der als sicher zu prädicierenden Verse gross genug, um gewisse schöne stricte Normen erkennen zu lassen. In der Auswahl der zu Grund zu legenden Verse müssen wir sehr vorsichtig sein. Von den Inschriften ist die älteste Scipioneninschrift sowie die Caeciliusinschrift aus dem Spiel zu lassen, sofern jenes Scipionenepitaphium auf den Sohn des Barbatus noch der roheren Saturniuskategorie angehört, die Caecilius-Grabschrift aber lange nach der classischen Saturniuszeit (etwa in das J. 100 v. Chr.) fällt, somit schon wieder eigenartige Erscheinungen darbieten kann, Symptome einer Entartung, wie sie augenfällig bereits in der älteren Mummiusinschrift vorliegt. Es bleiben also von den Inschriften zunächst nur die drei Scipionenepitaphien „Cornelius Lucius“, „Magna sapientia“, „Quei apice insigne dialis“ und die Soraner Dedication „Quod re sua difeidens“ übrig.

Noch bedenklicher ist das in den Handschriften überlieferte Material an Saturniern. Man kann aus den Grammatikercitaten, welche Schriftsteller mit guter Tradition betreffen, klar ersehen, dass auf solche gelegentlich citierte Verse wenig Verlass im Detail ist: ich habe das auf Horaz bezügliche Material in den Epilegomena S. 799 zusammengestellt. Die Schriftsteller, welche da erwähnt sind, heissen Charisius, Flavius Caper, Diomedes, Eutyches, Fortunatianus, Hieronymus, Mallius Theodorus, Plotius, Priscian, Quintilian, Servius, Terentianus, Victorinus. Das Resultat für den aus Fragmenten zu construierenden Autor bleibt ganz dasselbe, ob jene massenhaften Ungenauigkeiten auf Rechnung des citierenden Schriftstellers selbst oder auf die des Schreibers seines Archetypcodex zu setzen sind. Ganz ebenso oder vielmehr gewiss noch um ein erhebliches schlechter sind die Citate der Grammatiker, welche die uralten, unverstandenen Saturnier betreffen. Man betrachte nur einmal z. B. die hexametrischen Fragmente des Lucilius: nicht die Hälfte kann in der Form gebraucht werden, wie sie uns bei den citierenden Grammatikern überliefert ist, auch gegen dieses doch so allgemein bekannte Metrum kommen eine Menge der gröbsten Verstösse vor. Ich glaube also, hier ist Vorsicht im allergrössten Masse nothwendig, und es wäre verkehrt, einfach alle Fragmente, die wir bei Servius, Nonius, Isidor und anderen notorisch oberflächlich citierenden Schriftstellern finden, abzuzählen und aus der Majorität der Erscheinungen Schlüsse auf ein allgemein gültiges Schema zu ziehen. Die wahre Methode scheint mir ein ganz anderes Vorgehen zu erheischen. Wenn wir jene Citate genau erwägen, so pflegen sie um so unsicherer zu werden, je weniger sie sich auf besonders ohrenfällige, prägnante Verse beziehen. Stellen wie „Maecenas atavis edite regibus" und „Exegi monumentum aere perennius" sind regelmässig, auch bei den schlechtesten Autoren, gut überliefert, während weniger bekannte Stellen wie carm. I 12, 41 selbst bei so vorzüglichen Gewährsmännern, wie es Quintilian ist, falsch citiert werden, und Charisius für carm. III 14, 19 ganz unrichtigerweise ausdrücklich 'vagax' als horazisches Wort angibt und ebenso Flavius Caper carm. I 12, 3 wiederum ausdrücklich eine falsche Variante als echt horazisch und sprachlich merkwürdig hervorhebt. Wenn wir somit die Saturnius-Citate der späten römischen Schriftsteller zur Herstellung des echten Schema's benützen wollen, so können wir mit relativ grosser Sicherheit nur ganz wenige Citate von eigenthümlicher Qualität hierzu nehmen: erstens, entsprechend dem „Maecenas atavis" und „Exegi monumentum", den Anfangsvers von Livius Andronicus Odysseeübersetzung: „Virum mihi Camena insece versutum" und den Anfangsvers von des Livius Hymnus auf Iuno Regina: „Sancta puer Saturni filia regina". Ausserdem werden sich ohne schwerere Bedenken heranziehen lassen jene Verse, welche ausdrücklich als Muster saturnischen Metrums von den Metrikern citiert werden, wie ich sie in meiner Schrift über den saturnischen Vers S. 3 zusammengestellt habe.*)

*) Allerdings repräsentieren diese Musterverse nur einen einzigen, den häufigsten, Typus; da sie ja aber vom quantitierenden Gesichtspunkte aus aufgestellt sind, so konnten sie dem vom accentuierenden Standpunkte aus Betrachtenden eine grosse Mannigfaltigkeit zeigen, und es ist eben von höchstem Werthe, dass sich für die accentuierende Auffassung einheitliche Normen für alle diese Verse ergeben. Insofern kann man also nicht behaupten, dass alle diese Beispiele nur für Einen Vers gelten können.

„Dabunt malum Metelli Naevio poetae
Summas opes qui regum regias refregit
Ferunt pulcras creterras aureas lepistas
Novem Iovis concordes filiae sorores
Magnum numerum triumphat hostibus devictis
Duello magno dirimendo regibus subigendis.“

Zu den beiden letzten von Inschriften copierten Saturniern kommt der gleichfalls von einer Triumphalinschrift copierte handschriftlich überlieferte Vers:

„Fundit fugat prosternit maximas legiones.“

Die der epischen Saturnius-Epoche angehörigen vier guten Inschriften enthalten folgende Verse:

„Cornelius Lucius Scipio Barbatus
Gnaivod patre prognatus fortis vir sapiensque
Quoius forma virtutei parisuma fuit
Consol censor aidilis quei fuit apud vos
Taurasia Cisauna Samnio cepit
Subigit omne Loucanam opsidesque abdoucit.“

„Quei apice insigne dialis flaminis gesistei
Mors perfecit tua ut essent omnia brevia
Honos fama virtusque gloria atque ingenium
Quibus sei in longa licuiset tibe utier vita
Facile facteis superases gloriam maiorum
Qua re lubens te in gremiu Scipio recipit
Terra Publi prognatum Publio Corneli.“

„Magna sapientia multasque virtutes
Aetate quom parva posidet hoc saxsum
Quoiei vita defecit non honos honore
Is hic situs quei nunquam victus est virtutei
Annos gnatus viginti is loceis mandatus
Ne quairatis honore quei minus sit mandatus.“

„Quod re sua difeidens aspere afleicta
Parens timens heic vovit voto hoc soluto
Decuma facta poloucta leibereis lubentes
Donu danunt Hercolei maxsume mereto
Semol te orant se voti crebro condemnes.“

Wenn wir diese Verse nach dem Wortaccent zu lesen versuchen, so ergeben sich für eine grosse Zahl sechs Accente, vorausgesetzt, dass wir einem proparoxytonierten Worte mindestens dann, wenn es vor einem Verseinschnitte steht, einen zweiten Ton (Nebenaccent) auf der Endsylbe einnehmen: andere zeigen wieder fünf Töne. Es ist mehr als wahrscheinlich, dass Livius und Naevius diese Sechstonigkeit absichtlich angestrebt und die sechstonigen Verse vor den fünftonigen begünstigt haben, weil sie auf diese Art sozusagen einen nationalen Hexameter an die Stelle des griechischen Hexameters setzen konnten. Wenn sonach die meisten saturnischen Verse der Odyssee und des Bellum Poenicum in der That sechs Hebungen hatten gleichwie der hellenische Hexameter und wenn auch sie ausnahmslos ungefähr um die Mitte herum durch einen scharfen Einschnitt in zwei hälftenartige Theile gespalten waren, so ist jenes rätselhafte Beibehalten des saturnischen Masses im Epos allein völlig aufgeklärt; man konnte dann geradezu für die livianisch-naevianische Epoche von einem epischen saturnischen Hexameter sprechen. Dass nun aber dieser Vers doch wieder bald aufgegeben wurde, indem der dritte römische Epiker sich von ihm gänzlich lossagte, das mag wohl mit dem Umstande zusammenhängen, dass sich der römische Geschmack allmählich energisch gegen den Hiatus gekehrt hatte; denn von der dritten Scipionengrabschrift an finden wir auch im Saturnius keinen Hiatus mehr geduldet, während derselbe nach der unausweichlichen Annahme aller Accentuierend-messenden (Müller, Thurneysen S. 38 u. s. w.) bei den litterarischen Fragmenten der Epiker (250—200 v. Chr.) noch zu statuieren ist. Sobald aber einmal der Hiatus verboten war, musste es sehr schwierig sein, feine saturnische Hexameter zu machen. Der Saturnius z. B., mit welchem die Scipionengrabschrift beginnt (Qu(ei) ápic(e) insigne diális etc.), streift doch hart an das Ungeniessbare. So dürfte denn Ennius den Saturnius deswegen aufgegeben haben, weil ein schöner strenger epischer Saturnius bei Verbot des Hiatus um ein ziemliches schwieriger zu schmieden war als ein hellenisierender daktylischer Hexameter. —

Freilich ist die Reihe der „saturnischen Hexameter" in etwas auffälliger Weise durch „Pentameter" unterbrochen und man hat eben auf diesem Umstande fussend behauptet, meine ganze Auffassung sei unbrauchbar, der Rythmus der zweiten Vershälfte könne nicht das eine mal zwei, das andere mal drei Hebungen haben. Ich glaube, man hat hiebei übersehen, dass es überhaupt keine Auffassung des Saturnius, weder eine rythmische noch eine metrische, gibt, welche der Anerkennung der Thatsache ausweichen kann, dass eine Anzahl Saturnier in der zweiten Hälfte mit einer nicht den Ictus habenden Sylbe, beziehungsweise mit einer unbetonten Sylbe beginnt. Nur ein Sonderling, der die offenbar vorhandene Diärese ignoriert, kann sich über jene Schwierigkeit hinwegschwingen. Nehmen wir die Thatsachen, wie sie sich dem unbefangenen Blicke darstellen, so haben wir mit den bedeutendsten neuesten Saturnierforschern, Thurneysen, Westphal, Ramorino, Müller, Bücheler, Havet u. s. w. die Diärese anzuerkennen und gleichzeitig in der zweiten Hälfte einen Wechsel zwischen ansteigendem (iambischem) und absteigendem (trochäischem) Rythmus. Wenn wir nun schon diesen Wechsel — der dem sonstigen Usus so sehr widerspricht — anerkennen müssen, so wird es auch nichts ungeheueres sein zuzugeben, dass ein Wechsel in der Zahl der betonten Sylben in einem und demselben Gedichte vorkommen kann, so dass zwar die Zahl der Hochtöne stets gleich bleibt, dass aber in Bezug auf die Tieftöne (Nebenaccente) eine Variation stattfindet, so dass die epischen Saturnier mit absteigendem Rythmus der zweiten Hälfte sechs betonte Sylben, beziehungsweise zwei Nebenaccente, die mit aufsteigendem Rythmus aber bloss fünf betonte Sylben, d. h. Einen Nebenaccent, zeigen. Statuieren wir die sechs betonten Sylben im regulären epischen Saturnier, so sind wir allerdings genöthigt, Wörter wie gloriam, Publio, Scipio, flammis mit zwei Accenten auszustatten, was, wie man mir vorhält, apriorisch d. h. willkürlich von mir erfunden sei. Allein wir haben ja die Analogie der mittelalterlichen romanischen Poesie, die eine solche Doppelaccentuierung gar nicht scheut, und wenn man sagt, es sei ungehörig, dass sie bei einem Worte angenommen werde, beim anderen aber nicht, so ist das gleiche auch wieder in der romanischen Poesie nachzuweisen: es bedarf dazu keiner bestimmten Regel, sondern die richtige Auffassung des jeweiligen Falles ergibt sich von selbst aus dem rythmischen Charakter des Gedichtes. Auch in unserem Falle ist es nicht nothwendig eine Regel auswendig zu lernen, ehe man den Vers richtig lesen kann; es ergibt sich ganz von selbst bei natürlicher Lesung der Verse, dass auf die dritte Sylbe der ansteigenden zweiten Vershälfte eine Art Ton, ein Tiefton oder Nebenaccent (Sievers nennt Analoges in der angelsächsischen Poesie gesteigerte Senkung) gelegt wird. Will man durchaus eine Regel haben, so würde sie höchst einfach eben so lauten, dass auf die dritte Sylbe der ansteigenden zweiten Vershälfte ein Tiefton falle, dass also in diesem Fall Wörter und Wortgruppen, die eigentlich ´ × × sind, ´ × \ gelten. Dass wir es hier nicht mit einem Hochton oder Hauptaccent zu thun haben, geht daraus hervor, weil in allen ganz sicher überlieferten Versen consequent vermieden wird, ein schweres selbständiges Wort wie res, dux, pax, mors an jene Stelle zu bringen, höchstens werden Wörter wie vir, res u. dgl. geduldet. — Diesem Tiefton oder Nebenaccent im dritten Verstheile entspricht in ziemlichem Masse der zweite Ton im ersten Verstheile: Ánnos gnátus vigínti, Né quaerátis honóre; auch hier werden wir gut thun keinen vollständigen Hauptaccent, sondern nur eine schwächere Betonung anzunehmen. Auch hier werden wir am einfachsten von einem Tiefton und Nebenaccent sprechen. Wir erhalten dann für den Mustervers Dabunt malum etc eine sehr schöne rythmische Gliederung

´× \ × | × × || ´× \ | × ´×

Allerdings wird man dabei sogleich sagen müssen, dass der Nebenaccent in der ersten Vershälfte etwas stärker gewesen sein dürfte als der in der zweiten Hälfte: dies ergibt sich schon aus der Wichtigkeit der mit ihm betonten Wörter und Worttheile, aber der natürliche Rythmus verlangt doch eine abgeschwächte Aussprache auch dieser Tonsylben.

Ein Leser mit feinem rythmischem Sinne, also im allgemeinen jeder unbefangene Leser, wird, wenn er den Vers 'Virum mihi Camena insece versutum' nach dem Wortaccente mit rythmischem Pathos ausspricht, mihi und insecé an den bezeichneten Stellen mit Tiefton aussprechen, ganz wie er lesen wird:

Ein freies Leben führen wir
Ein Leben voller Wonne

Dábunt málum | Metélli || Naévio | poétae.

Die etwas stärkere Qualität des Nebenaccents im ersten Verstheile gegenüber von jenem im dritten Verstheile steht im Zusammenhang mit einer andern merkwürdigen Eigenschaft des ersten Verstheiles. Seine reguläre Gestalt besteht nämlich aus zwei zweisylbigen Wörtern. Es sieht somit zunächst vollkommen aus, als ob wir in der ersten und dritten Sylbe gleichstarke Töne vor uns hätten, allein die Betrachtung des Rythmus im ganzen und die Entwicklungsgeschichte des epischen Saturnius zwingt zu dem Schlusse, dass der Accent auf dem zweiten Worte bedeutend weniger Gewicht hatte als die übrigen Hauptaccente, mit anderen Worten, dass dieser Accent ein Nebenaccent war. Weil somit der erste Verstheil gleich den drei übrigen eigentlich nur Einen Hochton besitzt, so kommen gerade hier auch häufig viersylbige Wörter vor.

Thurneysen, welcher hinsichtlich des Nebenaccents im meinem dritten Verstheile völlig von mir abweicht und auch für den epischen

Saturnius der Blütezeit bloss fünf (gleichwerthige) Hebungen gelten lässt, kommt mit unserem dritten Saturniustheile in grössere Verlegenheit als mit allen übrigen; er sagt, dieses sei der allerfreieste Verstheil*); man wird zugeben, dass eine solche Annahme höchst bedenklich bleibt; es ist auch eigentlich nicht einzusehen, warum Thurneysen so entschieden gegen meine Accentuierung Naévió opponiert, da er doch selbst bei den viersylbigen, ja z. Th. bei den dreisylbigen Wörtern, bald doppelte (sápiéntia, áétáte), bald einfache (subigéndis) Accentuation zulässt. Der Procentsatz hexametrischer Verse in den Überresten des epischen Saturnius der Blütezeit kommt mir ein viel zu grosser vor, als dass wir ein Recht hätten, uns gegen die Annahme einer Art Sechstonigkeit zu wehren. Ausserdem gibt es ja doch zwei Momente, welche nicht völlig unterschätzt werden dürfen: einmal, wie bereits angeführt wurde, die Verwendung des epischen Saturnius als Ersatz für den griechischen Hexameter und zweitens die Auffassung der zweiten Vershälfte durch die römischen Metriker; letztere trifft in einer grossen Menge von Versen factisch völlig mit unserer Lesung zusammen, sobald wir die drei Accente bestehen lassen, z. B. fándan godátei, Naévió poétae. In dieser Hinsicht würde also noch ein Fünkchen wahrer Überlieferung anerkannt werden können; das factische Lesen der zweiten Vershälfte wäre bei den Metrikern in den Musterversen noch richtig erhalten gewesen, nur in der ersten Hälfte war der vollendete Irrthum, auch hinsichtlich des praktischen Lesens, eingerissen.

Der Hergang lässt sich folgendermassen vermuthen: Die ältere Zeit liebte für den feierlichen Stil poetischer Denkschriften, für Epitaphien, wohl auch Triumphal- und Dedicationsinschriften, vielleicht auch für epische Gesänge theils den viermalbetonten theils den sogenannten fünfmalbetonten Saturnius, mit zwei Haupt- und einem Nebenaccent in der ersten, zwei Hauptaccenten in der zweiten Hälfte, so dass die zweite Hälfte lautete: coséntiont Római, fuíse viro, fílios Barbáti. — Da nun beim Lesen von Halbversen der Art wie fílios Barbáti ganz von selber sich ein Nebenaccent auf der dritten Sylbe zwischen den zwei übrigen unbetonten Sylben rechts und links von ihr bemerklich machte, so wurde aus dem zweimal accentuierten Halbverse, sobald er absteigenden Rythmus hatte und sechssylbig war, ein dreimal accentuierter, mit Hochton, Tiefton, Hochton

*) Auch [illegible] enthält sich jedes Urtheils und jedes Betonungsversuches in diesem Verstheil

so gut als man las 'filios Barbáti' konnte man auch lesen 'filiós Barbáti', 'fórtis vir sapiénsque'; und weil nun die Sechssylbigkeit und der absteigende Rythmus für den zweiten Halbvers in der Glanzperiode des Saturnius das beliebteste war, so erhob sich damals, gewiss mit absichtlichem Anklange an den griechischen Hexameter, der epische Saturnier von der fünfmaligen Betonung in der Regel zur sechsmaligen.

Schauen wir uns die Steindenkmäler an:

Während die älteste Scipionengrabschrift, die Plautiusinschrift und die Duenosinschrift ganz überwiegend viermal accentuiert zu sein scheinen mit seltener Zufügung eines Nebenaccents, zeigt die zweite Scipionengrabschrift bereits mit einer einzigen Ausnahme den Normaltypus des epischen Saturnius: bei absteigendem Schlusse Sechstonigkeit, bei aufsteigendem Fünftonigkeit. Dieses System wird eingehalten auch in der dritten und vierten Scipionengrabschrift, dagegen sinkt die Soraner Dedication, vielleicht in Nachahmung eines älteren Volkssystemes, in die Fünftonigkeit bei absteigendem Rythmus zurück. Im ganzen also geht die Viertheilung des Verses und der vierfache Hochton durch alle diese Denkmäler (einschliesslich eine Menge handschriftlich überlieferter Saturnier) durch, nur hinsichtlich des Tieftones im ersten und dritten Verstheile zeigt sich eine wechselnde Manier. —

Eine Hauptfrage dreht sich noch um die Unterdrückung der Thesis. Es handelt sich dabei natürlich nicht um Ausnahmsfälle, die eben als Ausnahmen, vielleicht als Abweichung in ein anderes Schema anzusehen sind, z. B. 'Samnio cepit', 'Aetate quom parva'*) — hier ist schon die Missachtung der erforderlichen Sylbenzahl eben als „Unregelmässigkeit" anzuerkennen — sondern es handelt sich um die Frage, ob das Normalschema, beziehungsweise eines der drei Normalschemen des epischen Saturnius der besten Zeit die Unterdrückung einer unbetonten Sylbe zeigt. Wir müssen das entschieden verneinen. — Erst die späte Soraner Dedication (hundert Jahre nach Livius) gestattet sich die Unterdrückung der nebenbetonten Sylbe im dritten Verstheile. Dagegen kann man vielleicht das Nebeneinanderstossen von Nebenaccent und Hauptaccent bei dem dritten seltenen Schema || ˊ × × | ˊ × × einräumen, so dass wir dieses Schema auffassen würden = || ˊ × \ | ˊ × ×. Wenn wir aber auch das Zusammenstossen von Nebenaccent und Haupt-

*) In diesem Beispiele sieht auch Ramorino S. 14 seiner Schrift eine Abirrung in ein anderes Schema.

accent in diesem wie gesagt seltensten Schema zugeben wollen, so müssen wir andererseits um so bestimmter an der Leugnung des Zusammenstosses zweier Sylben mit Hochton oder Hauptaccent festhalten. —

Bei diesem Schema kommt auch ein höchst merkwürdiger Umstand in Betracht, auf welchen zuerst Thurneysen aufmerksam gemacht hat; die Berücksichtigung der Q u a n t i t ä t, also dasselbe was auch Sievers im angelsächsischen Alliterationsverse nachgewiesen hat. Das sonderbare Schema ´ × x̀ | ´ × × scheint hervorgegangen aus dem in den alterthümlichen Gedichten, wie ausnahmsweise noch in der zweiten Scipionengrabschrift, vorkommenden Halbverse ´ × x̀ | ´ ×. Der Saturnius der schönsten Periode musste ein dreisylbiges Wort (oder einen dreisylbigen Wortcomplex) am Ende haben und die normale Sylbenzahl des zweiten Halbverses war sechs: also musste das Schema ´ × x̀ | ´ × durch „Auflösung" Einer Sylbe in zwei vergrössert werden. Die „Auflösung" einer Normalsylbe im Saturnius geschieht nun, indem dieselbe durch zwei kurze Sylben ersetzt wird. Von einer solchen Auflösung können betonte und unbetonte Sylben betroffen werden. Im erwähnten Schema dürfte die Hochtonsylbe aufgelöst sein: || ómnia | brévia
Scípio | récipit.

Nicht die Tonsylbe ist aufgelöst in dirimèndo, sùbigéndis, sùperáses u. s. w. Eine Tieftonsylbe erscheint aufgelöst in númerum

Ein Nebenaccent ist nach Thurneysen auch für die vier- und fünfsylbigen Wörter ziemlich regelmässig anzunehmen, doch findet sich in den von uns ausgehobenen Musterversen abgesehen von Eigennamen kein brauchbarer Beleg für diese Erscheinung: denn der Vers 'Magna sapientia multasque virtutes' ist vielleicht wie der darauf folgende oben erwähnte 'Aetate quom parva posidet hoc saxsum' als eine etwas andere Art Saturnius anzusehen, so dass auf jeden Halbvers bloss zwei Accente kommen nebst einer mit der Minimalzahl 6 bestimmten Sylbenmenge.

Es liegt natürlich im Wesen des Nebenaccents und zwar um so mehr, je schwächer er ist, dass er auch in Wegfall kommen kann. Da jedoch die Inschriften der eigentlichen Blütezeit sowie jene Musterverse der Metriker keinen Wegfall (bei absteigendem Rythmus) zeigen, so bleibt es fraglich, ob die verschiedenen Verse des Livius und Nævius, welche eine solche Erscheinung zu bieten scheinen, in ihrer echten Gestalt überliefert sind. Die Barbatusinschrift bietet nur Ein Beispiel von Fünfsylbigkeit der zweiten

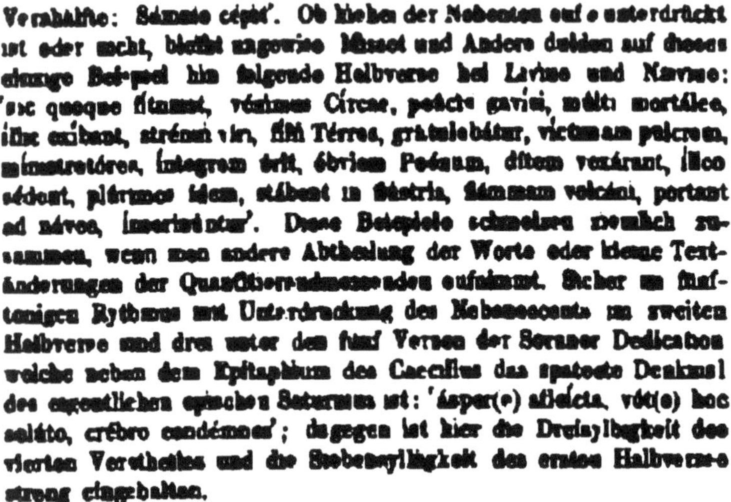

Verahälfte: Sámnio cépit'. Ob hiebei der Nebenton auf o unterdrückt ist oder nicht, bleibt ungewiss. Müller und Andere deuten auf dieses einzige Beispiel hin folgende Halbverse bei Livius und Naevius: 'sic quoque fitum est, vértimus Circae, potácit gavísi, múlti mortáles, ílli exíbant, strénui víri, fílii Térras, grátulabátur, víctimam pulcram, minístratóres, íntegrum tríti, óbviam Poénum, dítem venérant, ílico sédent, plúrimos ídem, stábant in fénestris, flámmam volcáni, portant ad náves, inseriúntur'. Diese Beispiele schmelzen nemlich zusammen, wenn man andere Abtheilung der Worte oder kleine Textänderungen der Quantitätsverhältnisse aufnimmt. Sicher ist fünftonigen Rythmus mit Unterdrückung des Nebenaccents im zweiten Halbverse und drei unter den fünf Versen der Soraner Dedication welche neben dem Epitaphium des Caecilius das späteste Denkmal des eigentlichen epischen Saturnius ist: 'ásper(e) afléicta, vót(e) hoc soláto, crébro condémnes'; dagegen ist hier die Dreisylbigkeit des vierten Verstheiles und die Siebensylbigkeit des ersten Halbverses streng eingehalten.

Versuchen wir nunmehr unsere im Vorstehenden gewonnenen Resultate auf die oben aufgezählten, mit relativ sehr fester Gewähr überlieferten Saturnier der guten Epoche anzuwenden:

Scipionengrabschrift C. I. L. I 30:

Cornélius | Lúcius || Scípió | Barbátus
Gnaivod pátre | prognátus || fórtis vir | sápiénsque
Quoius fórma | virtútei || parísuma | fúit
Cónsol censor | aidílis || quei fúit | apúd - vos
Taurásia | Cisaúna || Sámnio | cépit
Súbigit omne | Loucánam || opsídésque | abdoúcit.

Der Vers ist viergliedrig mit einem Hauptaccent in jedem Gliede und, wofern es sich nicht um viersylbige Eigennamen handelt, mit einem Nebenaccent im ersten Verstheile; die erste strenger gebaute Hälfte hat im ersten Gliede vier Sylben, im zweiten drei Sylben. Einmal wird im ersten Verstheile statt einer Normalsylbe eine Auflösung gefunden, bestehend aus zwei naturkurzen Sylben (súbigit). Auch im vierten Verstheile finden wir einmal eine solche Auflösung (sápiénsque), schwerlich jedoch auch im dritten (ópsidesque?). Ich glaube vielmehr, dass bei || opsidésque, wie auch in der ersten Scipionengrabschrift bei || Aleríque, ein Auftakt zu statuiren ist, der im freieren Saturnius sicher gebräuchlich und nicht bloss auf Eine Normalsylbe beschränkt war, während er in der besten Zeit des strengen Saturnius regelmässig war zur Herstellung des zweiten Halbverses aufsteigender Gattung und zwar mit Einer Normalsylbe verwendet wird. Die zweite Vershälfte hat überall zwei Hauptaccente, wozu auf der dritten Sylbe des dritten Verstheils bei absteigendem Rythmus noch ein Nebenaccent (Tiefton) kommt. Die Nebenpause vor der drittletzten Sylbe ist zweimal (bei aufsteigendem wie bei absteigendem) Rythmus missachtet, viermal eingehalten. Bei Eigennamen können die Accente der ersten Vershälfte auch anders fallen: Sylbenzahl und Abschnitt aber müssen eingehalten werden. Sehr seltsam und wahrscheinlich wie der mehrsylbige Auftakt bei opsidesque zu erklären als Rückfall in ein früheres alterthümliches Schema ist die verkürzte zweite Vershälfte 'Samnio cepit', wo weder die Sechszahl der Sylben noch der Einschnitt vor der drittletzten Sylbe eingehalten ist. Der Halbvers 'crebro condemnes' in der Soraner Dedication missachtet wenigstens die letzterwähnte Norm nicht. Missachtung derselben bei Einhaltung der normalen Sylbenzahl begegnet uns in der nächstfolgenden Scipionengrabschrift in dem Halbverse mit aufsteigendem Rythmus 'tíb(e) útier vita', dass zwei Gesetze in einem und demselben Verstheile verletzt werden, findet sich in den übrigen ganz sicheren epischen Saturniern der guten Zeit nicht mehr, abgesehen von den zwei Anfangsversen der Scipionengrabschrift Nr. 34, in denen gleichfalls ein Rückfall zum älteren Typus vorzuliegen scheint. Der normale Rythmus, welcher dem Verfertiger der Barbatusinschrift vorschwebte, dürfte folgender gewesen sein

´ × \ × | × ´ × || ´ × \ | × ´ ×
|| × ´ × | × ´ ×

Scipionengrabschrift C. I. L. I 33:

Quí(ei) ápic(e) insígne | diális || flåminis | gesístei
Mórs perfécit | tú(a) út éssent || ómnia | brévia
Hónos fáma | virtúsque || glóri(a) átqu(e) | ingénium
Quíbus s(ei) in lónga | lícu[i]set || tíb(e) útier víta
Fácile fácteis | supéráses || glóriam | maiórum
Quáre lúbens | t(e) in grémiu || Scípio | récip[i]t
Térra Públi | prognátum || Públió | Cornéli.

Mit Auflösung bei ápic(e), tú(a) út, quíbus, lícuiset, supéráses, beziehungsweise auch bei brévia und récipit; ohne Zweifel auch bei ingénium und grémiu, obschon hier auch an Synizese gedacht werden konnte, wie ich es früher gethan habe und wie auch Havet thut. Unregelmässig ist der zweisylbige Schluss vita.

Scipionengrabschrift C. I. L. I 34

Mágna sapiéntia || multásque | virtútes
Aetáte | quom párva || pósidet (pósidèt?) hoc sáxsum
Quoíei vita | deféeit || non hónos | honóre
Is hic sítus | quei núnquam || victus ést | virtútei
Ánnos gnátus | vigínti || is l[óc]eis | mandátus
Né quairátis | honóre || quei mínus | sit⁺ máctus.

Die ersten zwei Verse zeigen so wie sie vorliegen den reinen viertonigen Rythmus ohne Nebenaccente in den ersten Halbversen und ohne die im strengen Saturnius normale Gliederung derselben, weshalb auch 'posidet' ohne Nebenaccent aufzufassen sein möchte; am Schlusse ist 'mactus' eine ältere schöne Emendation, das 'mandatus' des Steines ist sicher ein Wiederholungsfehler aus der vorhergehenden Zeile.

Vírum mihi | Caména || insece | versútum.
Sáncta púer | Satúrni || fília | regína
Dábunt málum | Metélli || Naévió | poétae
Súmmas ópes | qui régum || régias | refrégit
Mágnum númerum | triúmphat || hóstibus | devíctis
Férunt púlcras | cretérras || aúreás | lepístas.
Nóvem Iovis | concórdes || fíliae | soróres.
Dvéllo mágno | dírimendo || régibus | súbigendis.
Fúndit fúgat | prostérnit || máximás | légiones

Auflösungen sind bei númerum, dírimendo, súbigendis, légiones.

In dieses gegen früher etwas modificierte Schema des epischen Saturnius der Blütezeit fügen sich eine Menge Fragmente des Livius und Naevius und noch anderes ein, was in meiner Schrift über den Saturnischen Vers S. 66 ff. zusammengestellt ist; nur weniges erweist sich als unmöglich, z. B. der zweite Halbvers Édit, bíbit, lúsit, da er / × | × | / × statt / × \ | × / × zeigt, ebenso der zweite Halbvers Fríxit cór prae pavóre — das Fragment stammt aus schlechter Quelle und lautet ursprünglich cor frixit prae pavore; ferner fallen weg die Halbverse: || Sáncte Laértie páter und || Quém profáta Mórtast*) mit dem Schema

/ × / × | / × statt / × \ | × / ×.**)

Ebenso müssen als schematisch höchst bedenklich angesehen werden die folgenden zweiten Halbverse mit dem Schema / × × / ×

*) Dieser Halbvers konnte durch Umstellung leicht geheilt werden: Quem Mórta | profátast.

**) Auch der aus andern Gründen verdächtige Halbvers des Arvalgesanges:
|| ádvocápit cúnctos
widerspricht dem normalen Schema des saturnischen Hexameters.

Vénimus Círcae (Vénimus | Circái?)
Múlti mortáles
Ílinc exíbant (Ílicò | exíbant? so auch L. Müller)
Strénui víri (Strénui | venére? so auch L. M.)
Fílii Térras (Fílii | Terrái?)
Víctimam púlcram (verändert bei L. M.)
Óbviam Poénum
Plúrimos ídem (Plúrimós | eídem? so schrieb zwar nicht
Ennius, aber z. B. Opimius, Cic. orat. 47, 157).
Stábant in flústris
Dítem vexárunt (Ditémque | vexárunt?)
Flámmam Volcáni
Pórtant ad návis (× pórtant ad návis).

Dagegen bleiben folgende Fragmente aus Lívius Andrónicus*) (nach dem Verzeichnis bei Havet S. 425 ff., S. 66 ff. unserer Schrift über den Sat. Vers)

Vírum míhi | Caména || ínsecè | versútum
Pátar nóster | Satúrni || fílie | × / ×
Méa púer | quid vérbi || zweite Hälfte verderbt
Argénteo | polúbro || áureo | eglútro (polybro codd. et glutro codd., ut nos etiam L. M.)
Túque míhi | narráto || ómnia | disértim
Quaé haec dápsa est | quís féstus || díes \ | × / ×
Mátrem méam | procítum || plúrimi | venérunt (meam om. codd.; rec. L. M.)
Quándo díes | advéniet || quem Mórta | profátast (profata morta est codd. et L. M.)
Átt in Pýlum | adveníens || aut íbi | ommentáns (prius aut om. cod., advenes cod., ut nos L. M.)
|| relígare strúppis
Ibidémque | vír súmmus || adprímus | Patróclus**)
Átque escas | habémus || . . . . . . (habeamus rec. L. M.)
Pártim érrant | nequínont || Graéciam | redíre (errantes rec. contra cod. L. M.; neque nunc pro nequinont cod.)

*) Diejenigen Fragmente sind durchschossen gedruckt, welche ohne eine den Rythmus irgendwie verändernde Conjectur einfach nach der Überlieferung angeführt sind. Abweichungen der Hss. und des neuesten Herausgebers (L. Müller) habe ich mit lateinischen Worten in Klammern beigesetzt.

**) Patróclus betonen auch Westphal und Havet, Thurneysen gibt S. 15 überhaupt keinen Accent an.

Ápud nýmpham | Atlántis || fíliàm | Calypsónem
(Telamonis pro Atlantis rec. L. Müller).
Ígitur dèmum | Ulíxi || . . . . . . (Igitur cor demum Ulixi rec. L. Müller)
Útrum génua | ampléctens || vírginem | oráret
(genua rec. L. Müller)
Íbi mánens | sedéto || dónicùm | vidébis
Mé carpento | vehéntem || in dómum | veníse (vehentem meam domum L. M.; vehementem domum cod.)
Símul ac dácrimas | de óre || noégeo | detérsit
(lacrimas cod.)
Námque péius | nihílum || mácerat | hominem (nec hilum peius L. M.; nullum peius cod.)
Mágnae tòppar | confríngunt || ínportúnae úndae (vel hunc inser L. M. post topper; „magnae topper vel hunc" contra cod. L. M.)
|| fílius | Latónas
Nám divína | Monétas || fília | dócuit (filiam codd.; ut nos L. M.)
Tóppar fácit | hómines || ut príus | fúerunt (homines cod.; ut nos L. M., fuerint cod.; fuerunt L. M.)
Múlta ália | in ísdem || (multa cod.; ut nos L. M.)
Toppar cíti | ad aédis || vénimus | Círcae (citius rec. L. M. contra cod.; circae L. M. cum cod.)
Iám in áltum | expúlsa ||
Véstis púlla | purpúrea ||
Déque mánibus | dextrábus ||
Sáncta púer | Satúrni || fília | Regína

Dazu vielleicht (nach L. Müller a. a. O. S. 131. 137)
Ínque mánum | surémit || hástam ..
Pulchérrime | páerárum || mánibus | conféctum (puer. m. c. pulcherrime codd.) *)

Aus Naevius (Havet S. 434 ff meine Schrift S. 63 ff.):
Eórum séctam | sequúntur ||

*) Wer dieses Verzeichnis und das folgende mit denen bei L. Müller S. 134 ff vergleicht, wird einige Fragmente bei mir vermissen. Ich hätte sie unbedenklich auch meiner Liste einverleiben können, wenn ich so prekäres hätte aufnehmen wollen wie z. B. das Müller'sche Fr. 33 des Livius
vestrís et | múlieà vastèrà
Hier ist einmal in et in jedem Worte eine Conjectur

Ìbi fóras | cum aúro || ílicò | exíbant (ibi . . . ilico scripsi cum L. M.; ubi . . . illuc codd.)
Múlti álii | e Tróia || strénui | venére (multis aliis L. M pro multi alii codd ; venere pro viri rec. nos cum L. M.)
Iámque
Éius méntem | fortúna || fécerat | quiétem
Ínerant signa | expréssa || quómodò | Titáni (expr. signa rec. L. M. contra codd.)
Bicórpores | Gigántes || magníque | Atlántes
Rúncus atque | Purpúreus || (rhuncus codd., runcus nos et L M)
Silvícolae | hominés || bellíque | inértes (inter silvicolas et homines lacunam statuit L. M ; homines codd)
Blándo dicto | persuádet || Aenéas | quo pácto (blande et d. codd ; Aeneas rec. L. M. contra codd)
Príma Céreris | medúit || Prosérpina púer (incedit cereris codd. et L. M.; puer Proserpina L. M. contra codd.)
Deínde pòllens | sagíttis ||
Sánctus Délii | prognátus || Pýthiae | Apóllo (delphis codd.; Delo L. M.)
Írque sánum | ad caélum || sústulit . . . . (manumque L. M. iaque codd.; irque Havet)
| Amúlius || gratulabátur dívis (sic codd.; Amulius divisque gratulabatur L. M.)
Póstquam ávem | aspéxit || in témplo | Anchísa (postquamde aves rec. L. M.)
Sácra ménsa | penátum | órdine | ponúntur (sacra in mensa codd. et L M.; penatum rec. L. M.; penatium codd.)
Immolábat | aurátam || (auream codd.; ordinem immutavit L. M.)
Éxta ministratóres ||
|| victóribus | dánunt
Tránsit Mélitam | Románus ||
Vérum praètor | adveníens || aúspicat | auspícium (virum codd., ut nos L. M., advenset codd ; advenit rec L. M.)
|| vicissátim vólvi
Victóriam |
Cénset eo | ventúrum || óbviam | . . .
Supérbiter | contémptim || cónterit | legiónes
Séptimum décimum ánnum || ílicò | sedérent (iam ante septimum add. L. M.; sedent codd., sedentes rec L. M.)
Reconcíliat | captívos || plúrimos | . . . (reconciliant codd., ut nos L. M.)

Siciliénses | paciscit || óbsidès | ut réddant (paciscuntur codd., ut nos L. M.)

Éi vènit | in méntem || hóminùm | fortúnas (homónum | fortúnas ?)

Fámes àcer | augéscit || hóstibùs | . . .

Ŏnĕrárïae | onustae || (honerariae honustae contra codd. et contra veram veterum scribendi rationem L. M.)

Mágnam dòmum | décŏrémque || ditémque | vexárant (ditem codd. et L. M.)

|| sub únum | iudícium (suum pro unum rec. L. M.)

. . . púlcrăquĕ | ex áuro || vestémque | citrósam (L. M. inter pulcraque et ex auro lacunam statuit et suspicatur fuisse hexametrum dactylicum)

Sénex frètus | pĭĕtáti ||

Régis fràtrem | Neptúnum || regnatórem márum (Neptunum fratrem rec. L. M.)

Súmme deum | regnátor || quíanàm | gĕnuisti (genus isti cod. me genuisti rec L. M.)

| Samníte ||

| períre || mávolùnt | ibídem

Quám cum stùpro | redíre || ad súos | pŏpŭláres (strupro cod.)

|| fortíssimos víros (virorum L. M. contra codd.)

|| fíeri | per géntis

|| ambórum | uxóres

Nóctu Troiad | exíbant || capítibus | opértis (troiade cod., L. M. rec. Troiad)

Fléntes àmbae | ábĕúntes || lácrimis | cum múltis (ambas contra codd. rec. L. M.)

|| páriet locústa (loc. par. L. M contra codd.)

Lúcam bovem | (boverem (!) contra codd. L. M.)

Quí dum màre | sudántes || éunt àtque | sedéntes (audacissimas coniecturas proponit L. M.)

Férunt pùlcras | cretérras || áureàs | lepístas

Mágni mètus | tumúltus || péctorà | possídit

Nóvem Iòvis | concórdes || fíliaè | soróres

Pátrem sùum | suprémum || óptumùm | appéllat

Scápos àtque | verbénas || ságminà | sumpsérunt (scopas contra codd. rec. L. M.)

Símul álius aliúnde || rúmitant | intérse [= intérse wie apud vos] (alias contra codd. L. M.)
Tépper saèvi | capéssot ||
Ápud empórium | in cámpo || hóstiùm | pro moéne
Símul dvona | córum || × pórtant | ad návis
Múlta ália | in ísdem || inserinuntur / ×
| quod brúti || nec sátis | sardáre
Quéunt
Rédeunt rèférunt | petíta || rumóre | secúndo
(om. L. M., non Havet aut Minset, qui corrigit: ferunt pro referunt)

Súmmas òpes | qui régum || régiàs | refrégit.

Das apokryphe Epigramm des Naevius auf sein eigenes Grabmal — ebenso apokryph als die Grabgedichte des Ennius, Plautus, Pacuvius und Vergil — gehört nicht zu den echten Saturniern des Naevius,*) ebenso wenig der von einem Metriker erfundene angebliche Saturnier: „Cum victor Lemno classem Doricam appulisset."

Beide Apokrypha werden als echt **) behandelt von dem neuesten Petersburger Schriftsteller über den Saturnius. Richtig gebaut und echt sind dagegen noch die Verse:

Dábunt màlum | Metélli || Naéviò | poétae
Flámen sùme | saméntum ||
|| véterès | Casménas
Fúndit fùgat | prostérnit || máximàs | legiónes
Dvéllo màgno | dirimèndo || régibùs | subigéndis
Mágnum nùmerum | triúmphat || hóstibùs | devíctis
Quási mèssor | per mésim | únumquèmque spícum
Heís sunt dùo | concórdes ||
Frúge bòna | pudíca ||
Rógo tè mi | viátor || nóli mi | nocére.

---

*) Bährens Catull vol II p. 8 schreibt das pseudonaevianische Epigramm den Imagines Varro's zu, auch ändert er den Text an zwei Stellen (V. 3 und 4). Ich habe, Sat. Vers 71, gezeigt, dass das Epigramm nach dem bereits fälschlich quantitierend aufgefassten Schema Dabúnt malúm Metélli construiert ist; dabei ist auch die Hauptpause verletzt. Auch Thurneysen sieht in der Grabschrift das Werk eines späten Dichters, dem die echten Gesetze des Saturniers unbekannt waren.

**) Doch äussert er sich über das Fragment Cum victor etwas zweifelnd (S. 133), natürlich ohne zu erwähnen, dass ich zuerst seine Echtheit bestritten habe.

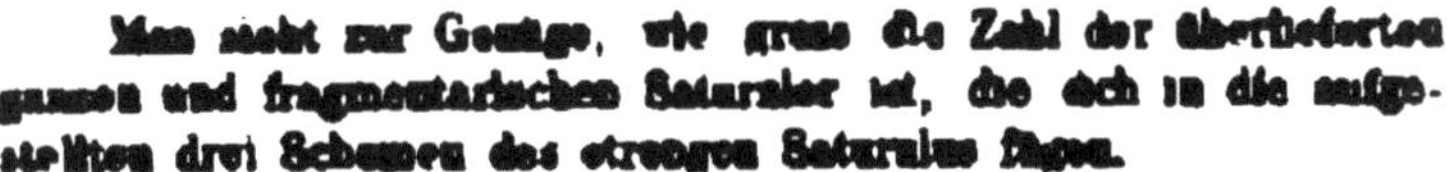

Man sieht zur Genüge, wie gross die Zahl der überlieferten ganzen und fragmentarischen Saturnier ist, die sich in die aufgestellten drei Schemen des strengen Saturnius fügen.

Allerdings wird man in dieser Liste auch einige Verse bemerkt haben, welche nicht die normalen Nebenaccente aufweisen. Es sind diese Verse, wo entweder Eigennamen oder unumgängliche Zahlwörter oder vier- und mehrsylbige Wörter ins Spiel kommen. Es scheint, dass in diesen Fällen der Dichter besondere Freiheiten für sich in Anspruch nahm, weil er sich eben in einer Zwangslage befand, so dass er sich bei Vernachlässigung der Nebenaccente, mit der richtigen Anzahl von Hauptaccenten an beliebiger Stelle und mit der normalen Sylbenzahl begnügte. Darnach müssten geduldet werden die siebensylbigen ersten Vershälften wie

Argénteo | polúbro ||
Diadémque | vir súmmus ||
Immolábat | aurátam ||
Éxta moeneratóres || etc.

ebenso die achtsylbigen mit Ersatz einer Sylbe durch zwei kurze:

Reconcíliat | captívos ||
Siciliénses | pacíscit ||
Opérárias | eodátae ||

Ferner haben wir noch die späte Soraner Dedication aus der gracchischen Zeit zu betrachten, welche sich erlaubt die Tieftonsylbe des zweiten Halbverses beliebig zu unterdrücken (fünftoniges Schema); sie stellt sich jetzt folgendermassen dar.

Quód re súa | d[if]eídens || ásper([e]) | afleícta
Párens tímens | heic vóvit || vót(o) hoc | solúto
[D]écuma fácta | polóucta || leibéreis | lubéntes
Dónu dánunt | Hércolei || máxsume | mérito
Semol t(e) órant | se [v]óti || crébro | condémnes.

In Hércolei ist ´ × × für × ´ × durch den Zwang des Eigennamens entschuldigt, vgl. Lúcius in der Inschrift des Barbatus. Dieses fünftonige Schema, mit absteigendem Rythmus des zweiten Halbverses, das zur Zeit der höchsten Blüte des strengen Saturnius vermieden ward, war in der verlivianischen Epoche, wie es scheint, nicht unbeliebt, besonders — wie hier — für religiöse Saturnier.

Ein sehr verkünstelter Saturnius epicus begegnet uns am Schlusse der archaischen Periode in der um das Jahr 100 v. Ch. angesetzten Caeciliusgrabschrift:

Hoc est fáctum | mónúméntum || Maárco Caicílio
Hóspes grátum (e)st | qu(om) apúd meas || restitístei séédes
Béné rem géras | et váléas || dórmias | síně qúra.

Die Nebenpausen sind mehrmals verletzt; in Caicilio scheinen sogar Neben- und Hauptaccent in einem und demselben Worte zusammenzustossen, was durch seine Eigenschaft als Eigenname kaum entschuldigt wird. Auflösungen haben wir verhältnissmässig viele. Die wahrscheinliche Betonung apúd meas = apúdmjas nach dem Vorgang der ältesten Inschriften (apúdvos) und des Naevius (mátéras) scheint ein etwas bedenkliches Wagniss des Verfertigers der Grabschrift. Von den Soldatenversen der cäsarischen Epoche, an welche der erste Halbvers erinnert, unterscheidet sich unser Saturnius sehr wesentlich durch den um eine Tonsylbe kürzeren zweiten Halbvers.

Es ergeben sich somit für den strengen epischen Saturnius folgende 3—4 Schemen oder Typen

Schema a)

/ × \ × | × / × || / × ×̀ | × / ×

(In der ältesten Zeit und später wieder in der Epoche der Gracchen auch verkürzt. || / × | × / ×)

Schema b)

/ × \ × | × / × || × / × | × / ×

Schema c)

/ × \ × | × / × || / × ×̀ | ◡ ◡ ×

Sodann dürften sich für den epischen Saturnius der besten Zeit, d. h. für die dritte und vierte Scipioneninschrift und für die Fragmente des Livius und Naevius, sowie mit gewissen Vorbehalten für die zweitälteste Scipioneninschrift einerseits und für die Soraner Dedication und die Cäciliusgrabschrift andererseits, folgende allgemein giltige Normen aufstellen lassen (vgl. meine Schrift Saturnisch. Vers S. 27 ff.):

1. Der strenge epische Saturnius besteht aus vier Verstheilen oder Takten mit je Einem Hauptaccent. Er hat somit vier Hauptaccente, welche auf die erste Tonsylbe jedes Verstheils fallen,

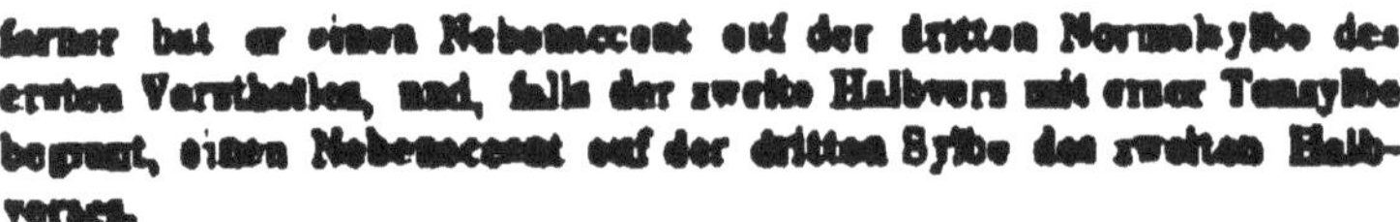

ferner hat er einen Nebenaccent auf der dritten Normalsylbe des ersten Verstheiles, und, falls der zweite Halbvers mit einer Tonsylbe beginnt, einen Nebenaccent auf der dritten Sylbe des zweiten Halbverses.

2. Gewöhnlich werden die Tonsylben, sowohl die mit Haupt- als die mit Nebenaccent, durch Eine unbetonte Sylbe von einander getrennt; nur zwischen die zweite und dritte Tonsylbe fallen zwei unbetonte Sylben, ebenso fallen bei dem seltenern Schema b) mit aufsteigendem Rythmus der zweiten Vershälfte zwischen die vierte und fünfte Tonsylbe zwei unbetonte Sylben. Zwei aufeinanderfolgende unbetonte Sylben finden sich am Schlusse des ganzen Verses in dem seltenen Schema c: in demselben Schema scheinen auch Nebenaccent und Hauptaccent aneinander zu stossen, s. §. 3.

3. Das Zusammenstossen zweier Sylben mit Hauptaccent ist durchaus verboten, selbst die Pause macht in dieser Rücksicht keine Ausnahme, dagegen kann auf eine Sylbe mit Nebenaccent eine solche mit Hauptaccent folgen, doch sind dann Neben- und Hauptaccent durch eine Nebenpause getrennt, so ist es in dem seltenen Schema c)

4. Jeder Vers zerfällt in zwei fast gleiche Hälften, welche durch eine Pause getrennt sind. Dieser Haupteinschnitt darf unter gar keiner Bedingung durch übergreifende Wörter, und wären es selbst Eigennamen, in Wegfall kommen, und von Synalöphe ist an dieser Stelle niemals die Rede.

5. Beide Hälften des epischen Saturnius zerfallen wieder je in zwei Theile, indem drei Sylben vor dem Aufhören der Vershälfte immer ein Einschnitt ist. Diese Nebenpausen können nur dann verletzt werden, wenn vier- oder mehrsylbige Wörter in der betreffenden Vershälfte sich befinden. Darnach und unter Berücksichtigung der weitern besonderen Freiheiten der vielsylbigen Wörter (s. §. 11, 16) zweite Halbverse wie Importunae undae, Belligare struppa, Regnatorem marum schwerlich anzufechten. befindet sich doch auch unter den inschriftlichen Versen Eine eclatante Ausnahme || tib(e) ótsor vita. Hier dient nicht einmal die Vielsylbigkeit zur Entschuldigung.

6. Der erste Verstheil selbst zerfällt wieder gerne, aber keineswegs immer, in zwei gleich grosse Theile, wobei die erste und die dritte Sylbe den Ton haben; der Ton auf der dritten Sylbe wird als Tiefton aufzufassen sein

7. Die erste Vershälfte hat regelmässig drei Accente: sie beginnt mit einer Hochtonsylbe, dann folgt eine unbetonte, dann eine Sylbe mit Tiefton, dann eine unbetonte, dann kommt die Nebenpause, darauf folgt ein dreisylbiges Wort mit unbetonter, hochbetonter, unbetonter Sylbe; hierauf Hauptpause. Dieser erste Halbvers, der sich gerade so auch im Mittellateinischen wiederfindet (S. 28 meiner Schrift Sat. Vers), ist ganz stabil, während die zweite Vershälfte vielleicht absichtlich, um Mannigfaltigkeit und Abwechslung zu erzielen, mehrere voneinander abweichende Formen darbietet.

8. Die zweite Vershälfte hat theils aufsteigenden (jambischen), theils absteigenden (trochäischen oder daktylischen) Rythmus. Der aufsteigende Rythmus (mit Auftakt) ist einfach: unbetont, hochbetont, unbetont, Nebenpause, unbetont, hochbetont, unbetont Non bénos | honóre. Der absteigende ist theils an das trochäische, theils an das daktylische Metrum erinnernd, eine Vergleichung, die allerdings, was das daktylische Metrum betrifft, stark hinkt. Der trochäisch anklingende Rythmus gibt sich folgendermassen. Naévió | poétae, d. h. Hochton, nichtbetont, T i e f t o n, Nebenpause, nicht betont, hochbetont, nicht betont. Die hier statuierte Existenz eines Tieftons (Nebenaccents) beruht auf der Thatsache, dass es, wie diess schon in meiner Schrift Sat. Vers S. 31 hervorgehoben wurde, für die mittellateinische und für andere accentuierende Poesien ausser allem Zweifel steht, dass die letzte Sylbe der Proparoxytona Nebenaccent haben und in der accentuierenden Poesie als betont gelten kann. Allerdings würde nun für das Lesen des Saturnius eine grosse Unsicherheit entstehen, wenn man ohne bestimmte Begrenzung den Satz aufstellen wollte: jedes dreisylbige vornbetonte Wort k a n n auch auf der letzten Sylbe einen zweiten Ton haben. Eine solche laxe Fassung erscheint aber auch gar nicht nothwendig; vielmehr kommen wir vollständig aus, wenn wir die zwei Töne der Proparoxytona auf die Versstelle beschränken, von welcher hier die Rede ist: nur in der dritten Sylbe des absteigendrythmischen zweiten Halbverses findet sich der Nebenaccent, hier aber auch ganz regelmässig in der besten Epoche des epischen Saturnius: statt dreier regelmässig wiederkehrenden absolut tonlosen Sylben erkennen wir lieber, unter Berufung auf jene allgemeine Thatsache vom Nebenaccent auf der letzten Sylbe des Proparoxytonons, den hübschen Wechsel: unbetont, mit Nebenaccent oder Tiefton betont, unbetont; und eben dadurch gewinnen wir für die regulärste und häufigste Form des epischen Saturnius einen an den quantitierenden Hexameter streifenden Charakter. — Das dritte, seltenste

Schema stellt sich so dar: hochbetont, unbetont, tiefbetont, hochbetont, unbetont, unbetont. Ob Naevius und Livius dieses Schema überhaupt angewendet haben, ist fraglich. In jenen Scipionenelogien haben wir nur auf Einer Inschrift zwei Beispiele: || ómnià | brévia und Scípĭò | récēpit. Wenig angenehm berührt bei diesem wie gesagt seltenen Schema das mit grosser Wahrscheinlichkeit zu statuierende Zusammenstossen von Nebenaccent und Hauptaccent, was freilich durch das Dazwischentreten der Nebenpause etwas gemildert erscheint; eine Ausnahme bietet nur die sehr späte Caeciliusinschrift in einem Eigennamen.

9. Jede Vershälfte soll mit einem dreisylbigen Worte oder Wörtercomplexe schliessen, welche den Ton auf der vorletzten Sylbe haben, ausgenommen das seltene daktylisch ausklingende Schema, wo zwar ebenfalls Dreisylbigkeit des Schlusswortes verlangt wird, der Ton jedoch auf die drittletzte Sylbe fällt. Präpositionen und Namen gelten in dieser Beziehung als Ein Wort. Einsylbige schwere Wörter, wie fas, mors und dgl., dürfen nicht am Halbzeilenschlusse stehen, zweisylbige nur ganz ausnahmsweise (zweimal in der Barbatusinschrift, je einmal in der Inschrift Quei apice und in der Caeciliusgrabschrift.)

10. Einsylbige Wörter unselbständigen Charakters wie Pronomina, Präpositionen, Conjunctionen, einsylbige Formen des Verbum substantivum, z. B. is, qui, hic, ut, non, est, sit, haben fast niemals den Hochton; ebenso können auch einige zweisylbige wie mihi, tibi, sibi, tuus, meus, suus, dann tonlos gebraucht werden, wenn sie durch Synaloephe oder Synizese auf Eine Sylbe reduciert sind; nur bei besonderem logischem Nachdruck kann ein einsylbiges Wort der erwähnten Kategorie den Hochton erhalten. Einsylbige schwere, bedeutungsvolle Wörter, also besonders Substantiva wie mors, fas, rex, cor, müssen stets hochbetont sein; an unbetonten und tieftonigen Stellen werden sie gemieden.

11. Jedes vier- oder mehrsylbige Wort zählt als mit Haupt- und Nebenaccent versehen; ausgenommen sind nur die Fälle, wo es sich um eine Auflösung handelt (s. §. 14), wie z. B. wenn statt des letzten dreisylbigen Wortes in der Vershälfte ein viersylbiges Paroxytonon gewählt ist, z. B. dirimendo, subigendo.

12. Dreisylbige Wörter oder Wortcomplexe können nur dann zwei Accente haben, wenn es sich um die rythmische Gruppe || ´ × \ | handelt. In diesem Falle aber, also wenn in der zweiten Vershälfte mit absteigendem Rythmus ein dreisylbiges Wort oder

ein dreisylbiger Wortcomplex steht, muss die erste Sylbe den Hochton, die dritte den Tiefton haben.

13. Die Sylbenzahl ist durchaus nicht gleichgiltig. Im strengen epischen Saturnius sind regelmässig sieben Sylben in der ersten und sechs Sylben in der zweiten Vershälfte Dreizehnsylbigkeit ist das Hauptcharacteristicum des strengen Saturnius in der besten Epoche. Erst dem Verfertiger der Soraner Dedication in der gracchischen Zeit genügen für die absteigend rythmische zweite Vershälfte fünf Sylben, zur Zeit der höchsten Blüte des epischen Saturnius jedoch muss dann die vorletzte Normalsylbe in zwei Kürzen aufgelöst werden, so dass die richtige Sylbenzahl äusserlich wieder herauskommt (Schema c)

14. Mit Ausnahme der Schlusssylbe jedes Halbverses kann je eine der normal nothwendigen Sylben ersetzt werden durch zwei kurze Sylben. Sichere Beispiele hiefür gibt es folgende: I Vertheil· súbigit, quibu(s), ápice, fácile, décuma, béne, númerum. II. Verstheil tú(a) út ésent, licúiset, supéraset, diriméndo, grémiu, monuméntum, váleas, IV. Verstheil. sapiéntiaque, ingénium, subigéndis, alié qúra. Der III. Verstheil zeigt nur in den handschriftlichen Saturniern eine derartige Auflösung: cápitibus. Dazu gehört auch die Doppelkürze der zweit- und drittletzten Sylbe im Schema c mit den Monumentalbeispielen brévia, récipit, mérito, Caecílio In diesen Thatsachen manifestiert sich eine höchst merkwürdige Einwirkung des quantitierenden Systems auf den ursprünglich gewiss ganz rein accentuierenden Saturnius, eine Erscheinung, für welche nach einer Entdeckung von Sievers der altgermanische Allitterationsvers die treffendste Analogie bietet (Paul und Braune's Beiträge X S. 209 ff)

15. Bei den Eigennamen und bei vier- und mehrsylbigen Wörtern werden sehr häufig bloss die Sylben gezählt und das Gesetz beobachtet, dass vor der Pause und am Ende des ganzen Verses wenn möglich ein dreisylbiges Wort stehen soll. Ebenso ist es auch sonst bei unumgänglichem Zwang der Worte, also z. B bei Zahlwörtern

16. Der Hiatus ist bei den älteren Dichtern gestattet (in den zwei ältesten Scipionengrabschriften und bei Livius und Naevius), bei den jüngeren (dritte Scipionengrabschrift, Soraner Dedication, Caeciliusgrabschrift) findet Synalophe statt; der Verfertiger der vierten Scipionengrabschrift vermeidet den Hiatus durch Stellung und Wahl der Wörter (vgl. das gleichartige Schwanken in der spät-

und mittellateinischen rythmischen Dichtung, S. 38 meiner Schrift Sat. Vers).

17. Von der Synizese scheint wenig Gebrauch gemacht. Viele früher als Synizesen aufgefasste Fälle erkennen wir heute vielmehr als Auflösungen.

18. Allitteration kommt häufig vor; doch gehört sie nicht gerade zu den specifischen Merkmalen des Saturnius der Blüteperiode. In den hexametrischen Gedichten des Ennius und Lucilius scheint die Allitteration ebenso häufig gewesen zu sein. Am meisten Allitteration findet sich in der späten fünfzeiligen Soraner Dedication. Reim und Reimartiges werden vermieden.

19. Jeder Vers, mindestens jedes Paar aufeinanderfolgender Verse, enthält einen zusammengehörigen Satz oder doch wenigstens einen an und für sich verständlichen, in sich geschlossenen Satztheil. Sogar schon bei den einzelnen Vershälften wird auf eine gewisse Zusammengehörigkeit der Worte häufig in augenscheinlicher Weise Bedacht genommen.

20. Kein einziges der uns zufällig erhaltenen längeren saturnischen Gedichte ist einem der übrigen bis ins Detail vollständig gleich gebaut; jedes zeigt seine mehr oder minder auffälligen Eigenheiten, vgl. §. 16.

Man kann die Hauptsachen auch folgendermassen zusammenfassen:

Der strenge epische Saturnius zerfällt in vier Verstheile, welche durch Aufhören der Wörter voneinander getrennt und je mit Einem Hauptaccent versehen sind. Die reguläre Gestalt des Verses ist diese:

I. Verstheil: vier Sylben mit Hochton auf der ersten, Tiefton auf der dritten Sylbe und gewöhnlich mit Worttrennung zwischen der zweiten und dritten Sylbe.

II. Verstheil: drei Sylben mit Hochton auf der zweiten Sylbe, dann Hauptpause.

III. Verstheil: drei Sylben

α) (absteigender Rythmus) mit Hochton auf der ersten und Tiefton auf der dritten Sylbe;

β) (aufsteigender Rythmus) mit Hochton auf der zweiten Sylbe.

IV. Verstheil: drei Sylben mit Hochton auf der zweiten Sylbe.

Dazu eine seltene Variation des III. und IV. Verstheiles so, dass je drei Sylben mit Hochton auf der ersten Sylbe stehen. In diesem Fall besteht der letzte Verstheil aus der Sylbengruppe ◡ ◡ ⏑̲. In dieser Erscheinung haben wir eine „Auflösung", Ersatz einer Normalsylbe durch zwei kurze Sylben, zu erblicken. Also wäre jene seltene Variation hervorgegangen aus fünfsylbigen Halbversen wie Sámnio cépit, indem man die normale Dreisylbenzahl des vierten Verstheiles durch die erwähnte Auflösung äusserlich herstellte.

Auch in den zwei gewöhnlichen Schemen finden wir bisweilen ein solche Auflösung. Es kann statt der Viersylbigkeit des ersten Verstheiles Fünfsylbigkeit (fácilé fáctis), statt der Dreisylbigkeit des II., III. und IV Verstheils ausnahmsweise Viersylbigkeit eintreten. Dabei muss stets für eine Normalsylbe eine Doppelkürze gesetzt werden: dĭrĭmĕndo, sŭpĕrāves, căpĭtĭbus, sŭbĭgĕndo. Vor der Hauptpause ist diese Auflösung absolut verboten, ebenso vor dem Schlusse des ganzen Verses.

Wahrscheinlich bloss ausserhalb der epischen Poesie eines Livius und Naevius war auch eine verkürzte Form gestattet, wobei eine Sylbe der zweiten Vershälfte gestrichen wurde und zwar gewöhnlich die mit dem Tiefton oder Nebenaccent (Soraner Dedication); die saturnischen Epiker haben aber einen meistens sechstonigen Vers gehabt (mit vier Haupt- und zwei Nebenaccenten), mit ohne Zweifel absichtlicher Anlehnung an den griechischen Hexameter, an dessen Stelle ja der Saturnius des Livius zunächst gesetzt wurde.

Der Hochton (Hauptaccent) fällt auf die erste Tonsylbe jedes Verstheils, der Tiefton aber fällt auf die zweite Tonsylbe des I. und III Verstheils. Ausnahmen findet man bei mehr als dreisylbigen Wörtern im ersten Verstheile.

Alterthümlicher, nicht strenger Saturnius.

Vom strengen epischen Saturnius aus praktischen Rücksichten zu trennen sind die mannigfaltigen übrigen saturnischen Verse, welche zwar meistens gleichfalls viergliedrig sind, doch aber auch abweichende Schemen zeigen können. Am nächsten an den strengen epischen Saturnius tritt eben der einfache viertonige viergliedrige Vers, der Auftakte und gelegentlich auch wie z. B. die älteste Scipionengrabschrift Nebenaccente mit sich führt. Dieser alterthümliche Vers, aus dem heraus sich der strenge epische Saturnius ent-

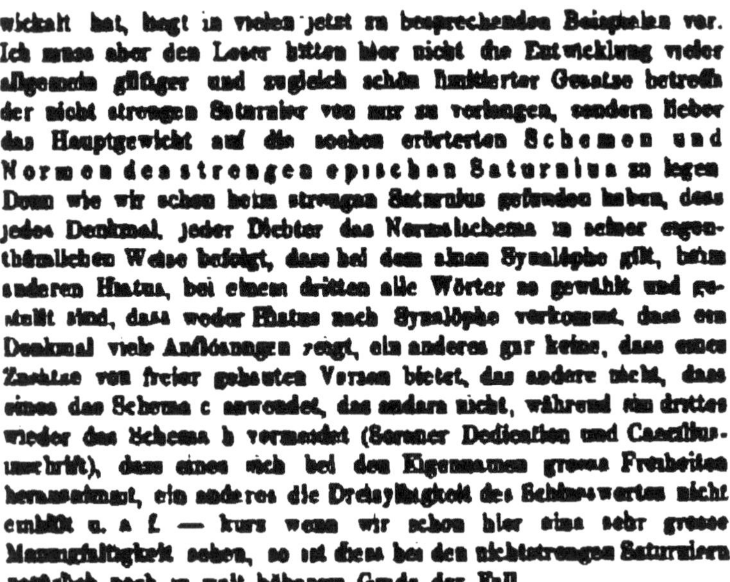

wickelt hat, liegt in vielen jetzt zu besprechenden Beispielen vor. Ich muss aber den Leser bitten hier nicht die Entwicklung vieler allgemein giltiger und zugleich schön limitierter Gesetze betreffs der nicht strengen Saturnier von mir zu verlangen, sondern lieber das Hauptgewicht auf die soeben erörterten S c h e m e n u n d N o r m e n d e s s t r e n g e n e p i s c h e n S a t u r n i u s zu legen. Denn wie wir schon beim strengen Saturnius gefunden haben, dass jedes Denkmal, jeder Dichter das Normalschema in seiner eigenthümlichen Weise befolgt, dass bei dem einen Synalöphe gilt, beim anderen Hiatus, bei einem dritten alle Wörter so gewählt und gestellt sind, dass weder Hiatus noch Synalöphe vorkommt, dass ein Denkmal viele Auflösungen zeigt, ein anderes gar keine, dass eines Zeichen von freier gebauten Versen bietet, das andere nicht, dass eines das Schema c anwendet, das andere nicht, während ein drittes wieder das Schema b vermeidet (Soraner Dedication und Caeciliusinschrift), dass eines sich bei den Eigennamen grosse Freiheiten herausnimmt, ein anderes die Dreisylbigkeit des Schlusswortes nicht einhält u. s. f. — kurz wenn wir schon hier eine sehr grosse Mannigfaltigkeit sehen, so ist diess bei den nichtstrengen Saturniern natürlich noch in weit höherem Grade der Fall.

Dennoch lassen sich einige bestimmte Normen wohl erkennen. Wir haben immer entweder viergliedrige oder dreigliedrige Verse. Ausnahmsweise kommt auch Combination von Viergliedrigkeit mit Halbviergliedrigkeit vor (titulus Mummianus) oder von Dreigliedrigkeit mit Halbviergliedrigkeit (Wiegenlied), auch Steigerung der Dreigliedrigkeit zur Neungliedrigkeit; Dreigliedrigkeit und Reim sind nur in den Zauber- und Besprechungsformeln üblich. Sonst, für religiöse und Erinnerungszwecke u. s. w., dominiert ganz entschieden der viergliedrige Vers mit vier Hauptaccenten, einer Hauptpause in der Mitte oder, noch gewöhnlicher, ein klein wenig nach der Mitte und mit Nebenpausen zwischen dem ersten und zweiten, dritten und vierten Verstheile. Bisweilen ist auch die Sylbenzahl genau fixiert, und häufig genug findet sich sogar auch die Auflösung von Normalsylben in zwei Kurzen. Der Auftakt, den man im strengen Saturnius nur im zweiten Verstheil in dem nicht besonders häufigen Schema b noch bemerken kann, ist im nichtstrengen Saturnius in ausgedehnter und oft sehr willkürlicher Weise angewendet; sogar zwei- und dreisylbiger Auftakt (letzterer übrigens bloss bei kurzen Sylben, also bei Auflösung) kommt vor, was im strengen epischen Saturnius unter den erhaltenen Resten nicht nachweisbar ist — denn die einzige Stelle im zweiten Scipionenelogium (opsidésque) haben wir als abnorm, als Rückfall in eine alterthümliche Licenz, bezeichnet. Der Taktwechsel, welcher im strengen Saturnius im zweiten Verstheile verlangt ist, kommt vor (z. B. Rómam rédieit | triúmphans), aber nur zufällig, weil eben im epischen Saturnier vielfach Dreisylbigkeit des zweiten Verstheils gewünscht wird; wie wenig der Tonfall × ´ × im zweiten oder vierten Verstheile Gesetz war, zeigen die relativ häufigen Ausgänge ´ ◡́ ×, welche in der besten Periode des strengen Saturnius epicus absolut verpönt sind.

Nebenaccente treten öfters auf, namentlich in der ersten Halbzeile, so dass ein fünftoniger Rythmus entsteht. Dieser scheint bei den rituellen Versen seit uralter Zeit besonders beliebt gewesen zu sein, weshalb er auch noch auf der späten Weihetafel von Sora freilich in modernisierter und verfeinerter Form, begegnet. In den echten alterthümlichen Gedichten mit Fünftonigkeit, wie im ältesten Scipionenelogium, wechseln die dreitonigen ersten Halbverse mit den zweitonigen willkürlich untereinander; überhaupt werden die Nebenaccente keineswegs regelmässig gesetzt, sondern daneben findet sich auch einfache Viertonigkeit, und eben daran erkennt man am deutlichsten den Charakter jener im Vorhergehenden oft erwähnten Accente als Nebenaccente. Diesen Wechsel zwischen vier-, fünf- und sechstonigen Versen bemerkt man noch im Anfang der vierten Scipionengrabschrift, wo wir gleichfalls Rückfall in alterthümliche Licenzen constatieren mussten. Was von den unbetonten Wörtchen beim strengen epischen Saturnius gesagt worden ist, gilt auch für den nichtstrengen Rythmus. Hochtöne stossen auch im ordinärsten alterthümlichen Saturnius niemals zusammen und vor der Hauptpause befinden sich ohne Ausnahme, vor den Nebenpausen fast ohne Ausnahme eine oder zwei unbetonte Sylben.

Betrachten wir zunächst das älteste Scipionenelogium. Es ist offenbar viergliedrig angelegt, gerade wie sein älteres Pendant, die Grabschrift auf Atilius Calatinus. Dabei zeigt sich bereits die Vorliebe für Dreisylbigkeit des zweiten und vierten Verstheils und die Erweiterung des ersten Verstheils zur Viersylbigkeit mit zwei selbständigen Wörtern. Die Sylbenzahl ist ziemlich genau eingehalten: erste Vershälfte 6—7, zweite 6—6 Sylben: so dass also die zweite Vershälfte keinesfalls mehr Sylben hat als die erste; nur bei Aléria ist scheinbar eine Ausnahme, allein wir müssen hier offenbar eine Auflösung erkennen, so dass zwei kurze Sylben nur für Eine Normalsylbe gelten.

Honc oíno | ploirume || cosentiont | Római
Duonóro | óptumo || fuise | viro
Lúciom | Scipióne || fílios | Barbáti
Cónsol cénsor | aidílis || hic fúet | apúd vos = (apúdvos,
oder ápud vos)
Hec cépit | Córsica || Aleríaque | urbe
Dédet Tempestátebus (oder Tèmpestátebus) || aide | mérito

Bei der jetzigen Auffassung wäre nach mérito kein drittes Wort mit Hauptaccent, wie etwa lúbens, möglich; man vgl. die Sorauer Dedication, wo gleichfalls ein Vers mit mérito abschliesst. Wenn etwas abgefallen ist, so wird es nur ein d gewesen sein. Viel Wahrscheinlichkeit hat der Vorschlag Havets, statt des Nominativs filios, womit der Dichter aus der Construction fällt, filio = filiom zu setzen.

Sehr schlicht und hübsch präsentiert sich die Plautios-inschrift, deren poetischer Charakter aus der Personification hervorgeht:

Dindia | Macólnia (= Mag.) || fileai | dédit
Nóvios | Plaútios || med Római | fécid.

So war sie schon in meiner Schrift Sat. Vers S. 67 aufgefasst.

Schlimmer steht die Sache mit der auch inhaltlich noch nicht ganz aufgeklärten Duenosinschrift, welche samt der Plautiosinschrift und anderem, was dem freieren Saturnius angehört, von dem Petersburger Schriftsteller über den Saturnius einfach ignoriert oder mit wohlfeilem Spotte bedacht wird, als ob seine eigenen auf den halsbrechendsten Hypothesen (beliebiger Verlängerung der Endsylben und zahllosen Textänderungen) aufgebauten Kartenhäuser nicht noch viel mehr zum Spotte einlüden!

Ióves àt(que) | deívos || qói med | mítat
Néi ted èndo | cósmis || vírco sied | àsted
Noísi Ópe | Toitésiai || pacári | vóis
+Duénos || med féced | en manom
Einom + Duenoi || né med malo | státod.

Eine Vergleichung mit S. 41 und 67 meiner Schrift Sat. Vers zeigt, dass ich die Inschrift in einigen Punkten heute anders auffasse, als zur Zeit des Druckes jener Schrift.

Was den Rythmus betrifft, so ist er ganz passabel in den Verstheilen, wo der fatale Name Duenos nicht vorkommt. Dass hier der ursprünglich richtige Rythmus gestört worden ist durch Übertragung der Originalverse auf eine andere Person, haben die Gelehrten längst eingesehen; Bücheler hat probweise 'Retus Gabinius' für 'Duenos' eingesetzt, und die ursprüngliche Anwesenheit eines Doppelnamens ist in der That höchst wahrscheinlich. Wir werden also am besten von diesen beiden Versen in rythmischer Hinsicht absehen; für die übrigen drei und noch für die zweite Hälfte des vierten Verses lässt sich aber der Rythmus in folgender Weise auffassen:

/ × \ × | (×) / × ‖ / × \ (×) | / ×
‖ × / × | (×) / ×

Man sieht die grosse Verwandtschaft unseres Rythmus mit dem in den beiden ältesten Scipionengrabschriften. Es ist ein eigenthümlicher viergliedriger epischer Saturnius mit vier Hochtönen und einem bis zwei Tieftönen. Die Dreisylbigkeit des zweiten und vierten Verstheiles ist beliebig eingehalten oder missachtet. Die normale Sylbenzahl ist 6—7 in der ersten Vershälfte, 5—6 in der zweiten Vershälfte. Die Viersylbigkeit des dritten Verstheiles fällt weg, wenn wir bei 'sied' Synizese annehmen: diese wird wohl auch bei 'Toitesiai' zu statuieren sein.

Hinsichtlich der Auffassung der einzelnen Worte glaube ich nunmehr, dass Z. 1 nicht Sat zu Saturno oder Saeturno zu ergänzen ist, sondern dass das s zu Iove zu ziehen, at aber zu atq., atque vervollständigt werden muss, vgl. die auch für die Mummiusinschrift als Analogon werthvolle Stelle bei Livius VI 29: T. Quinctius semel acie victor, binis castris hostium novem oppidis vi captis, Praeneste in deditionem accepto Romam revertit, triumphansque signum Praeneste devectum Iovis Imperatoris in Capitolium tulit. dedicatum est inter cellam Iovis ac Minervae tabulaque sub eo fixa monumentum rerum gestarum his ferme incisa litteris fuit: Iuppiter atque divi omnes hoc dederunt, ut T. Quinctius dictator oppida novem caperet. Aus dieser Stelle geht hervor, dass Iovis atque divi auch sonst in der archaischen Zeit eine übliche Phrase war; ursprünglich war die Phrase wohl allitterierend: Diovis atque divi. Die Construction im Beginn der Duenosinschrift lässt freilich zu wünschen übrig, aber auch im sonstigen Verlaufe des Topfgedichtes ist Ähnliches zu bemerken. Für die Nebeneinanderstellung von Iovei, was wahrscheinlich als Nominativ (wenn nicht als Vocativ) gemeint ist, und deivos, was Accusativform zeigt, vgl. die ähnliche Willkür in den Inschriften des C. I. L. I.: Iuno, Iovei, Hercole, Venos, Diovem, Prosepnai, Mirqurios, Alixentrom.

Am Schlusse der Duenosinschrift erkenne ich jetzt mit Pauli in der Buchstabengruppe D.ENOI, wo man bei . zwischen V und Z schwankt, eine Wiederkehr des Nomens Duenos, der im vorhergehenden Verse da war. Wir entgehen dadurch dem unerweislichen dze = die. Meinen einstigen Vorschlag, 'die' zu lesen und in dem angeblichen z das dreistrichige i zu erkennen, ziehe ich als irrthümlich zurück. Ich hatte ausser Augen gelassen, dass die Duenosinschrift von rechts nach links geschrieben ist; die Form des dreistrichigen I müsste gerade umgekehrt sein.

Ferner lese ich gleichfalls mit Pauli, dessen Gesammtauffassung der Inschrift und dessen specielle Deutung des Anfangs ich übrigens nicht zu billigen vermag, nicht mano, sondern malo = Du sollst mich nicht zum Schaden gebrauchen.

Wenn nun auch heute noch manches in der Inschrift unklar ist, vieles ist denn doch auch bereits, wie mir scheint, klar geworden, und wir müssen dem Schicksal dankbar sein, dass es uns eine wenn auch rohe, doch so interessante Inschrift des alten Rythmus hat finden lassen.

Die übrigen S. 44 f. meiner Schrift „Sat. Vers“ aufgezählten Beispiele sind: Grabschriftfragment des Calatinus

Oíno (honc) | ploirúmei || cosénticnt | géntes
Pópuli | primário || fuíse | víro

Viergliedriger Rythmus ´ · | ´ · || ´ · | ´ ·
· · | ´ · || · ´ · | ´ ·

Also Auftakt im zweiten Halbvers, Sylbenzahl im ersten Halbvers 7, im zweiten 5—6, vgl. das älteste Scipionenelogium.

Eine uralte Bauernregel mit chiastischer Responsion des viergliedrigen Rythmus. Hibérno | púlvere || vérno | lúto
Grándia | fárra || camílle | métes.

× ´ × | ´ × || ´ × ´ ´ ×
´ × | ´ × || × ´ × | ´ ×

(Im ersten und vierten Halbvers Auftakt.)

Uralter viergliedriger Vers, wenn man zum erstenmal den Weinmost versuchte.

Nóvum | vétus || vínum | bíbo
Nóvo | vétĕri || mórbo | médĕor.

´× | × || ´× | ´×
× | ´× || ´× | ´×

Viergliedriger Vers des Marcius:

Postrémus | dícas || prímus | tácĕas.
×´ × | ´× || ´× | ´× (das erste × Auftakt).

Anderer viergliedriger Vers des Cn. Marcius:

Quámvis | novéntium || duónum | nĕgūmáta

Hieher gehört auch der im früheren alterthümlichen Rythmus gebaute Saturnius der Mummiusinschrift (aus dem J. 146); auch hier haben wir viergliedrigen Rythmus, doch mit ganz eigenthümlicher Variation, nämlich mit Einfügung zweigliedriger Verse nach jedem viergliedrigen Distichon. Man könnte also hier von einem sechsgliedrigen Rythmus sprechen.

Dúcta | auspício || impĕrióque | éius
Achaía | cápta || Corínto | deléto
Rómam rédieit | triúmphans
Ob hásce res | bénĕ géstas || quod in béllo | vóverat
Hanc aédem | et sígnum || Hérculis | Victóris
Impĕrátor | dédicat.

Das Denkmal zeigt Duldung des Hiatus und viele Auftakte. Imperator gilt als doppelbetont. V. 1. 2. 4. 5 sind viertonige, viergliedrige alterthümliche Verse. V. 3 und 6 sind erste Halbverse des fünftonigen Rythmus.

Den fünfmal betonten viergliedrigen alterthümlichen Saturnius, wie er in der Soraner Dedication seine classische Auferstehung gefeiert hat, treffen wir in folgenden uralten Versen, die

merkwürdigerweise sämmtlich wie jene Weihinschrift aus Sora religiösen Zwecken dienten.

Formel der Calatio

Séptem díes (oder dúebus = dýthus) | te cálo || Iúno | Covélla

— —

Noch mehr zusammengeschrumpft erscheint das Schema in den höchst dürftigen Resten der salischen Gesänge, falls der Vers richtig so hergestellt wird:

Cume tonas | Leucétie || praí tod | trémont,

ferner in der gewiss auch sehr alten rituellen Vorschrift:

Dá quod débes | de mánu || déxtra | ára,

wofür freilich mit sehr leichter Änderung déxtera ára geschrieben werden kann, so dass der Halbvers dem in der zweitältesten Scipionengrabschrift Sámnio cépit entspricht.

Das schrecklich verderbte gleichfalls uralte Arvallied zeigt nur den ersten Halbvers sicher.

Énos Láses | iuváte ||
Énos Mármor | iuváte ||

Man vergleiche auch den oben erwähnten rituellen Halbvers:

Flámen súme | saméntum ||

Höchst interessant ist eine bei Cato de agri cultura 160 leider sehr corrupt überlieferte Besprechungsformel:

Húat | huast | haut || ista | pista | sista || dannábo | dánnaa | ústra

d. h. istam pestem sistam; damnabo damna vestra.

Die hier in zweiter Potenz auftretende Dreigliedrigkeit erklärt sich für diese Zauberformel aus der angeblichen Zauberkraft der Zahlen Drei und Neun.

Auch das merkwürdige, gewiss uralte, römische Wiegenlied, das ja auch gewissermassen die Function einer Besprechungsformel hat, zeigt im ersten Halbverse die Dreigliedrigkeit:

Lálle | lalle | lálle || aut dórmi | aut lácte.

Zu diesen dreigliedrigen Besprechungsformeln rechne ich jetzt auch den früher als echten strengen Saturnius angesehenen Vers.

Térra | péstem | tenéto || sálus | híc | manéto

Da hic und auch postea offenbar einen Nachdruck haben, so wird man mit Thurneysen annehmen müssen, dass ihnen auch der Hochton zukommt, woraus dann mit Nothwendigkeit Dreigliedrigkeit hervorgeht. Der Reim tenéte und manéte ist gewiss absichtlich und gehört gleichfalls wie die Dreigliedrigkeit zu den besonderen Merkmalen der Besprechung, vgl die Formel Háut háut háut etc.

Rückblick.

Fassen wir noch einmal das allerwichtigste zusammen, so haben wir einen sehr hübschen **Entwicklungsgang des epischen Saturnius** gefunden.

I. Periode. 4 Accente, 4 Verstheile, die durch Wortende getrennt sind, beliebiger Auftakt.

Díndia | Magólnia || fíleai | dédit
Nóvios | Plaútios || med Római | fécid.

Honc oíno | ploírume || cosénttiont | Római
Dvenóro | óptumo || fuíse | víro.

II. Periode (strenger Saturnius): Verwerfung des Systems der beliebigen Auftakte, Fixierung der Sylbenzahl (unter Gestattung von Auflösungen) und Erweiterung des ersten Verstheils zur Viersylbigkeit. Erster Verstheil viersylbig, zweiter dreisylbig, dritter Theil drei- bis viersylbig, vierter Theil zwei- bis dreisylbig: zusammen fünf- bis siebensylbig. Ein oder zwei Nebenaccente, je nachdem der zweite Halbvers absteigenden oder aufsteigenden Rythmus besitzt.

Beispiel: zweite Scipionengrabschrift

Cornélius | Lúcius || Scípio | Barbátus. (Ausnahme im letzten Verse.)

Der II Verstheil ist dreisylbig und hat den Accent auf der zweiten Sylbe

Der III. Verstheil ist entweder ́ × \ oder (seltener) × ́ ×. Der IV. Verstheil ist × ́ × oder (noch seltener) ◡́ ◡ ×. Letztere Variation ist nur gestattet, wenn der III Verstheil ́ × ×̀ lautet.

Beispiele Livius, Naevius, dritte und vierte Scipionengrabschrift.

Diese Periode selbst wieder zeigt zwei Abstufungen: a) mit Duldung des Hiatus (Livius und Naevius), b) ohne Hiatus (drittes und viertes Scipionenelogium).

IV Periode.

I. und II. Verstheil wie in der vorigen Periode, die zweite Vershälfte aber kann auf fünf Sylben reduciert sein, indem die Nebenaccentsylbe wegfällt, so dass der zweite Verstheil diese Gestalt hat: ́ × | × · ×.

Beim Schema ́ × ×̀ | ◡́ ◡ × ist aber diese Verkürzung nicht gestattet, weil dieses selbst schon eine Auflösung hat, also bloss fünf Normalsylben vertritt.

Beispiel · Soraner Dedication

V. Periode.

Die Dreisenkungsylbigkeit wird wieder streng eingehalten, aber man sieht nicht mehr darauf, dass der Vers von einem dreisylbigen Wort geschlossen wird und die Auflösung wird übertrieben oft angewendet (fünfmal in drei Versen).

Beispiel Grabschrift des Cerellius

Nachträgliches.

S. 13 meiner Schrift habe ich aus den pompejanischen Wandkritzeleien einige Verse zusammengestellt, in welchen man ganz deutlich eine Wirkung des accentuierenden Princips neben der Allgemeingiltigkeit des quantitierenden Systems bemerken kann. Ich füge noch ein weiteres pompejanisches Beispiel hinzu:

Amoris ignes si sentires mulio,
Magis properares ut videres Vénerem

Einen interessanten Versuch, das leider so ungenau überlieferte gewiss ursprünglich saturnische Gebet an Mars pater bei Cato in Kola und Verse zu sondern, s. in Westphals Griech. Metrik² 1868 S. 38 und in den Götting. gel. Anz. 1884, Nr. 9, S. 351. An letzterer Stelle S. 352 zerlegt Westphal auch eine poetische Partie der umbrischen Tafeln in accentuierende tetrapodische Kola aus einsylbigen Versfüssen: es sind ihm gesungene Verse mit vielfach unterdrückten Senkungen.

Di Grábóvié | sálvó sérítú
ócrér Fisiér | tótar Ìjovinár
nóme nérí áramó | vesre péque cástrué | fri sálva sérítú.
fútu fos pácér | pásé túá
ócré Fisí | tóta Iovíné
érer nómné | érár nómné.

Es ist die bei Bücheler Umbrica S. 14 behandelte Stelle

Auch jene vielbehandelte pälignische Saturniusinschrift, zuletzt herausgegeben von Joh. Zvetajeff, Inscript. Ital. mediae dialect. p. 18—21, ist accentuierend aufzufassen. Das Detail ist aber noch nicht so festzustellen, dass ich eine durchgehende Accentuierung vorzunehmen wage.

Erst zwei Monate, nachdem das Vorstehende geschrieben war, gelangte ich in den Besitz der Abhandlung von Eugène Misset, Le rythme du vers Saturnien, réponse à M. Louis Havet, in den Lettres chrétiennes, tom III S. 88—108, Paris und Lille 1882. Misset vertritt darin den gleichen principiellen Standpunkt wie wir; selbst in mehreren Details zeigt sich eine frappante Übereinstimmung, welche — da wir beide völlig unabhängig voneinander gearbeitet haben — für die Natürlichkeit und Wahrscheinlichkeit jener Aufstellungen sprechen dürfte. Auch Misset (S. 108) schlägt vor zu lesen auratam statt auream, wie ich vorschlug (Sat. Vers S. 89). Auch er betont apúd vos (S. 107). Einiges ist zwar verfehlt, wie sein Betonungsversuch der Grabschrift des Naevius (S. 105) oder unnatürliche Betonungen wie S. 106 Hercólei, S. 108 Melitam, S. 103 und 104 arquiténens, S. 104 sésequ(e) und plériqu(e), S. 103 éxercitus, S. 108:

Éxerciti [de]dúcit || in expeditiónem

Man wird nicht bestreiten, dass meine Auffassung (Sat. Vers S. 68) natürlicher ist.

Zu dem Rythmus: Dvenóro óptumo || fuíse viro vergleicht Misset sehr schön den italiänischen Rythmus: Nel mézzo dél cammín || di nóstra vita (so Dante, Misset citiert ungenau di vita nostra) und zum ersten Theil des epischen Saturnius bringt auch er (wie ich im Sat. Vers) S. 99 frühmittelalterliche Parallelen:

Christo laudes | persólvat ||
Qui Iohánnes | supérasse ||

Misset stimmt ferner mit mir überein in der Annahme einer grossen Mannigfaltigkeit der saturnischen Rythmen und im allgemeinen in der Auffassung des epischen Saturnius des Livius und Naevius, namentlich was den ersten, zweiten und vierten Hauptton betrifft; den Nebenton im zweiten Halbvers lässt er in suspenso, so dass wir also gerade für das diesmal in den Vordergrund gestellte Thema nichts neues aus Missets Aufsatz entnehmen können. Dadurch, dass er diesen Punkt in suspenso lässt, und dadurch, dass er auch sich vor Betonungen wie Éxercitu nicht scheut, gewinnt er die Möglichkeit, fast alle überlieferten Verse in sein unvollständiges Schema zu bringen. In dieser grossen Laxheit müssen wir einen Fehler Missets anerkennen, so sehr uns andererseits die Übereinstimmung mit ihm sowohl im Princip als in vielen Einzelheiten gefreut hat. Die unglaublichen Willkürlichkeiten der quantitierend Messenden, z. B. Havets, K. O. Müllers, Korschs, hat auch Misset im ersten Abschnitt seiner Abhandlung gut nachgewiesen. Einiges aus Misset habe ich nachträglich im Vorhergehenden an seinem Platze eingefügt.

Varro's angebliche Saturnier.

L. Müller hat wiederholt, wie diess seine Gewohnheit ist, verkündigt (de re metr. 89. Ennius I S. 22. Saturn. Vers S. 151): „Varro hat Saturnier in seinen Satiren, die nach dem bekannten Schema geformt sind." Er meint damit das angebliche quantitierende Schema Dabúnt malúm Metélli | Naévió poétae, ein Schema, das man füglich den übrigen in der Geschichte der Metrik vorkommenden „Spinngeweben der theoretischen Speculation" (Christ, Metrik [2] 486) zuzählen darf. Man war gespannt in dem zuletztgenannten Müllerschen Opus einen sattsamen Beleg zu finden, allein — parturient montes, nascetur ridiculus mus. Unter hunderten von Versen Varros hat M. ganze sechs Saturnier entdeckt, und was für Saturnier! Drei davon klammert er selbst ein, weil der erste und dritte davon nicht einmal in das Müllersche Schema passen, sofern die Hauptcäsur scharf beachtet wäre, und weil der dazwischenstehende Vers vom ersten nicht getrennt werden kann. Also diese drei angeblich in den Eumeniden stehenden Saturnier (eine unglückliche Hypothese G. Hermanns) verwirft er selbst. Es bleiben somit nur noch drei ganze Verse aus dem Sexagesis, die L. Müller nach dem Vorgange Meineke's als Saturnier auffasst. Der erste davon scheint Prosa zu sein: Ubi tum comitia habebant, ibi nunc fit mercatus. Der zweite Vers ist fehlerhaft überliefert; erst nach Abänderung der handschriftlichen Lesart entsteht der angebliche Saturnius Tunc núptiae vidébant | óstrúm (Hss. ostrinum) Lucrinum. Der dritte wird von L. Müller so hergerichtet.

[aut] ávidus
iudéx reúm ducébat | ésse cóinon Hérmen.

Sollte es nicht eher ein Sotadeus sein?*)

Ávidus iudex | réum ducebat | ésse κοινὸν | Ἑρμῆν.

Auch zehn Sotadeen des Lucilius hat man als quantitierende Saturnier ausgedeutet (Havet, de Saturnio Latinorum versu S. 19 Minset a. a. O. S. 94); bei dieser Gelegenheit will ich auch anmerken, dass der von mir (Sat. Vers S. 46 und 60) besprochene Vers

Non te peto, piscem peto; quid me fugis, Galle?

wohl am einfachsten als Sotadeus aufgefasst wird.

Zu den Sat. Vers S. 6 f. aufgezählten Triumphzugsversen als Belegen für die Berücksichtigung des Wortaccents in der römischen Volksdichtung gehört noch der Vers bei Vellei. Pat. II 67, 3 (auf die Consuln Lepidus und Plancus):

Dé germánis, nón de Gállis || dúo triúmphant cónsulés.

Ferner gehört zu diesen Soldatenversen, welche regelmässig den Wortaccent berücksichtigen, der Vers bei Sueton. Galba 6:

Disce míles militáre, Gálba est, nón Gaetúlicús.

Wer die ganze Reihe dieser Soldaten- und Triumphzugsverse unbefangen überblickt, der wird gewiss, im Gegensatze zu W. Meyer,

*) Über die Mannigfaltigkeit der Sotadeen in Varros Saturen s. Rieses Einleitung zu seiner Ausgabe S. 55, Analogien für die Synizese bei Ennius s. ebendaselbst S. 60.

zugeben müssen, dass Gaston Paris, Misset, Cornu, Thurneysen und die übrigen Romanisten vollständig im Rechte sind, wenn sie hier ein absichtliches Zusammenfallen von Wortaccent und Ictus erkennen, und wenn einmal dieses anerkannt ist, so ist die Idee eines Imports der accentuierenden Poesie aus Syrien zu den Lateinern ebenso hinfällig wie der in den „Berichtigungen" zu L. Müllers Buch über den Saturnius vorgetragene ziemlich wohlfeile Einfall, die rythmische Poesie sei „lediglich entstanden aus stets weiter fortschreitender Unkenntnis oder Vernachlässigung der Quantitäten, zumal in Anfang und Mitte der Verse."